新时期高校教育教学管理的创新策略研究

陈志明 陈 燕 著

吉林摄影出版社
·长春·

图书在版编目（CIP）数据

新时期高校教育教学管理的创新策略研究 / 陈志明，陈燕著. -- 长春：吉林摄影出版社，2022.8
ISBN 978-7-5498-5452-3

Ⅰ．①新… Ⅱ．①陈… ②陈… Ⅲ．①高等学校－教学管理－研究②高等学校－教育管理－研究 Ⅳ．①G640 ②G647.3

中国版本图书馆CIP数据核字（2022）第142273号

新时期高校教育教学管理的创新策略研究
XINSHIQI GAOXIAO JIAOYU JIAOXUE GUANLI DE CHUANGXIN CELUE YANJIU

著　　者	陈志明　陈　燕
出 版 人	车　强
责任编辑	王维夏
封面设计	文　亮
开　　本	787毫米×1092毫米　1/16
字　　数	220千字
印　　张	10
版　　次	2022年8月第1版
印　　次	2023年1月第1次印刷

出　　版	吉林摄影出版社
发　　行	吉林摄影出版社
地　　址	长春市净月高新技术开发区福祉大路5788号
	邮编：130118
网　　址	www.jlsycbs.net
电　　话	总编办：0431-81629821
	发行科：0431-81629829
印　　刷	河北创联印刷有限公司

书　　号　ISBN 978-7-5498-5452-3　　　　定　价：56.00元
版权所有　　侵权必究

前　言

随着时代的进步和发展，我国高等教育的发展处于一个知识爆炸、各种观念日新月异的时代。高等教育在国家发展战略中占据着重要的地位，高等教育的发展直接推动着社会经济的发展，新时期的经济和社会发展比任何时候都更加依赖知识的更新、人们素质的提高、科技的创新及教育的发展，因此，高等教育的发展越来越受到人们的关注和重视。

我国高等教育的发展主要始于中华人民共和国成立初期，特别是改革开放以来，其积累和发展速度、成就以及影响为世人所瞩目。随着我国高等教育的发展大提速，高校大量合并，高校招生体制改革等一系列发展变化，高等教育教学管理迎来了前所未有的局面。同时，创新型国家建设与和谐社会目标的确立，科学发展观的实施与和谐文化的提出，也为我国高等教育发展提供了新的发展机遇。一定意义上说，一个国家的高等教育管理理论研究的发展状况折射并且决定着该国高等教育管理实践的整体水平。改革开放以后，我国才真正开始系统地进行高等教育管理研究并把它看作一门学科。从起步到成长，从摸索到明确，从经验总结到理论创建，我国高等教育管理学的发展一路走来历经波折。我国在高等教育管理的研究上，历经了经验总结与政策阐释到理论探索以及理性研究的发展阶段，走上了高等教育管理学学科建设与研究的正轨，涌现了一批特有标志性的研究成果。

高等教育教学管理是左右整个高等教育发展的关键因素，研究我国高等教育教学管理的历史和现状，就必须聚焦高等教育教学管理研究及其理论的发展状况，只有大力发展我国高等教育教学管理理论研究，才能使其更好地服务高等教育。新时期，我国高等教育教学管理工作也有了进一步的发展。但是相比于国外的高等教育教学管理工作，我国高校依旧存在着诸多不足之处。比如我国高校在进行教育教学管理方面的工作时，依旧采取单一的工作手段，缺乏多样性。并且在管理理念和管理体制方面也存在着诸多问题。我国高校在进行教育教学管理时，对于管理理念的更新缺乏足够的重视，致使各高校的管理理念缺乏时效性，使得高校在进行教育教学管理工作时，不能充分满足新形势下社会经济发展对教育管理的需求，忽视了以人为本和民主管理的原则。并在传统的高等教育管理体制中，"高度集中、高度统一"的行政化管理理念和管理模式已经不适应高等教育形势的新变化，成了阻碍高等教育进一步发展的重要因素。所以，转变高等教育教学管理方式，创新高等教育教学管理理念、管理模式以及创新策略，研究新时期高校教育教学管理具有重要的理论与现实意义，是高等教育在未来谋求长足发展及内涵提升的必由之路。

目 录

第一章 导论 ·· 1
  第一节 全球化对高等教育的影响 ··· 1
  第二节 知识经济与高等教育革新 ··· 6
  第三节 市场经济对高等教育管理体制的挑战 ························ 16

第二章 新时期高校教育教学管理的理论基础 ······················· 21
  第一节 新时期高校教育教学管理的基本依据 ······················ 21
  第二节 新时期高校教育教学管理的目标 ···························· 25
  第三节 新时期高校教育教学管理的原则 ···························· 30

第三章 新时期高校教育教学管理的体制 ······························ 37
  第一节 高等教育管理体制概述 ··· 37
  第二节 我国高等教育管理体制的现状及问题 ······················ 42
  第三节 国外教育管理体制的改革方向 ································ 46

第四章 新时期高校教育教学的运行管理 ······························ 51
  第一节 教学运行管理的重点 ·· 51
  第二节 课程教学大纲的制定 ·· 54
  第三节 课堂教学的组织管理 ·· 60
  第四节 实践性教学环境的管理 ··· 62

第五章 新时期高校教育教学过程的管理 ······························ 65
  第一节 构建弹性灵活的学籍管理制度 ································ 65
  第二节 完善学分制 ·· 71
  第三节 选课制度的改进 ·· 80
  第四节 专业开发与设置 ·· 89

第五节　树立以就业为导向的教育教学管理理念 …………………………103

第六章　新时期高校学生管理工作的创新取向 ………………………………114
　　第一节　我国高校学生管理专业化及制度保障 …………………………114
　　第二节　我国高校学生管理体制的发展趋势 ……………………………117
　　第三节　高校学生管理人本化取向体制的创新策略 ……………………121

第七章　新时期高校教师人力资源的创新管理 ………………………………131
　　第一节　高校教师人力资源管理体制的界定与特征 ……………………131
　　第二节　我国高校教师人力资源管理体制的问题所在 …………………135
　　第三节　我国高校教师人力资源管理体制的改革策略 …………………140

参考文献 …………………………………………………………………………151

第一章 导论

第一节 全球化对高等教育的影响

全球化作为一个新的现象,是20世纪末期以来整个世界范围内正在发生的一个巨大变化,它对人类社会的许多方面产生深远的影响,受到全世界的关注。全球化最初以世界经济一体化为外在表现和终极目标,随着全球化潮流的推进,它逐步波及思想文化、价值观念、意识形态乃至人的发展等人类社会生活的各个领域,对高等教育产生十分深远的影响,衍生出高等教育全球化的话题。

一、全球化的内涵

"全球化"一词,是一种概念,也是一种人类社会发展的现象过程。对于什么是全球化,迄今并没有统一的定义。一般认为,全球化是指超越民族国家界限、在全球范围内发生的相互融合的现象,包含经济、政治、社会、文化等多方面内容。不同领域的人对全球化有各不相同的理解,甚至存在明显的分歧和争议。从目前国内外理论界关于全球化的概念看,我们可以了解到政治、经济、文化、技术、信息、历史、地理、文明等方面的众多见解,每一种见解都揭示了全球化的某种质的规定性,但每一种见解又不足以概括全球化的总貌。因为,全球化是一种十分复杂的现象,它既是一种状态,更是一个过程;它既突出地表现在经济、政治领域,也反映在文明、文化领域;它既是物质层次的,也是精神层次的;它既是人类社会系统中各单元要素的同构,也是同构中各单元要素的确证。因此,我们对全球化只能以描述的方式加以表述,将之看作是全球范围内各地域、各民族、各国家之间联系的日益紧密和相互作用的加强,从而影响和改变着人类运动方式,特别是生活方式和思维方式。

全球化现象最早始于20世纪40年代末的经济领域,由于经济全球化最为明显,因此全球化有时常常是指经济全球化。经济全球化首先是以部分国家将部分经济权力为共同利益而让渡给经济一体化组织,根据共同利益,按照一定的规划来行使权力的经济一体化。

20世纪80年代以来,由于科学技术的突飞猛进,特别是现代通信及信息网络、大规模现代化运输工具的发展,跨国公司的生产和投资活动拓展到全球。跨国公司是经济全球化的主体,其生产和投资活动的全球化,带动了资金、技术、信息、人力资源等生产要素在全球范围的流动和服务向全球的扩展,促进了资源在全球范围的有效配置,最终导致了全球一体化市场的形成。因此,国际货币基金组织将全球化概括为:通过贸易、资金流动、技术创新、信息网络和文化交流,使各国经济在世界范围高度融合,各国经济通过不断增长的各类商品和劳务的广泛输送,通过国际资金的流动,通过技术更快更广泛地传播,形成相互依赖关系。

经济全球化过程自然不是全球化的全部,由于经济过程离不开与之相适应的制度、文化和权力结构及其演变,因而全球政治、社会、文化等也出现相应的变化。与经济一体化进程相伴随着的是政治一体化的进程。20世纪末开始的以互联网为代表的信息技术,使各国政府、各国人民之间的联系日趋密切。以跨国公司为推动力的经济全球化,以金融创新为主体的金融技术因素所导致的金融全球化和以信息技术推动的信息全球化,最终推动经济全球化和政治全球化。随着人类的互动程度越来越高,联系越来越密切,全球化成为不可逆转的一种趋势,是世界历史的进程。

二、全球化对高等教育的影响

全球化对高等教育及文化等领域的交流与发展也产生深刻影响。各国通过教育的国际交流、教学和科研合作、跨国办学、扩大留学生规模等手段,提高本国高等教育在国际范围内的竞争力,争夺全球范围内的人力资源。21世纪初世界各国纷纷调整本国的高等教育发展战略,力争在全球的教育市场中发挥重要作用。

潘懋元先生在论及教育的外部规律时认为,教育一定要适应社会的发展。"适应"有两层意思:一是制约,二是服务。制约因素主要体现在政治、经济和文化三方面,因此我们可以从这三个层面了解全球化对高等教育的影响。在政治层面,全球化对政治的影响明显体现在政治权力的扩散、联合和多层管理等新型国际关系中。

在经济层面,全球化促进了时间和空间的压缩,进而促进了商品、资本、劳动力、服务和信息的国际化流动,并导致新的劳动力划分、国家与市场之间的权力变化、跨国界的生产系统和激烈的国际竞争。在这种新的经济模式下,经济的网络化、全球化和知识化强烈冲击,并更新了传统的产业结构,导致劳动力结构的重新划分和对劳动者技能的新要求。所有这些,都从社会需求的角度迫使高等教育进行根本的改革。对国家而言,国际经济竞争不能永远依赖廉价劳动力和低成本的制造业,必须同时发展知识含量高、产品附加值高的制造业和服务业。为此,各国在制定政策时都把提高其人力资源的质量摆在重要位置,以期在全球经济竞争中赢得最大利益,因而高等教育已经成为国家经济发展的关键所在。

在新的高知识含量和高附加值生产系统和提高生产力、竞争力渐成主题的经济形势下，劳动者依照其接受教育的多少和质量高低，分为可自我设计的（高技能的）劳动者和普通的（低技能的）劳动者。尽管低技能的劳动力用非常低的费用就可以雇佣到，但商品的生产以及经济活动的决策越来越多地需要高素质、可自我设计的人员。经济活动中这两类劳动力之间的比例成为决定国家和企业国际竞争力的一个主要因素。为此，一个紧迫的需求就是增加接受高等教育的人数。当然，要提高劳动者的素质，塑造出可自我设计的劳动者，更重要的是学校教育要满足社会对劳动者技能不断提高的要求，包括那些能使年轻人适应不断变更的工作环境的能力、社会交往能力、处理信息能力、团队工作能力以及运用所掌握的知识和信息在不同环境中解决新问题的技能。因此，传统的高等教育和大学学习方式正面临着严峻挑战。大学仍然是教学和学习之地，但是学习本身的概念发生了变化。学习已不仅是获得定义、事实等现成的知识，更主要的是创造知识的过程。鉴于知识正在成指数增长，大学能给予学生最好的教育就是让他们学会学习，包括不断重新定义工作中所需新技能的能力，以及为掌握这些技能寻找和学习相关知识的能力。

经济全球化的另一个结果是制造业从业人数的减少，与信息相关的经理，专业人士和技术人员等从业人员和"白领"阶层的增加，服务业逐渐成为经济结构中的重要组成部分。除数量增长外，服务业的内容也在趋向以客户需要为中心，服务业的工作机构要依照工作任务、客户类型和项目对工作人员进行管理。为此，工作人员必须根据不断变化的工作需求，及时学习新的知识和技术。服务业结构的这种变化将会结束"固定工作"或"长期工作"的观念，因为人们不仅要经常更换工作岗位和工作任务，甚至很可能更换他们的职业。在这样的形势下，就业能力就不仅是找到一份工作的能力，更重要的是维持这份工作，并因需要而随时更换工作的能力，因而终身学习已成为社会的紧迫需要。高等教育不仅要为不同的职业筛选和培养人才，更要为人们今后不断变动的工作或职业打好基础和提供服务。

全球经济竞争从一定程度上制约了国家共用经费支出，为满足日益膨胀的高等教育系统的需要，国家试图去寻找其他经费来源，而不是一味地增加教育公用经费。相当多的政府在高等教育中引进市场机制并鼓励私立教育发展。另外，政府也尝试用扩大招生和调整院校结构等办法来提高教育资源的使用效率和效益。国家在把更多权力赋予高等院校的同时，也会要求高等院校承担起更多的责任，包括分担教育经费的责任。

在文化层面，崭新的电子通信系统营造出全球范围内的虚拟社区。在此基础上，不同社会群体的兴趣、政府的政策、商业的运营策略等能更为便捷地传播，由此导致世界文化的广泛交流和融合。由于国际的共同利益和人类文化的交融性，世界文化正在趋同。全球化在文化领域对高等教育的影响远比其在政治和经济领域的影响复杂，因为世界文化的多样性大大超过了政治和经济模式的纷繁多样。虽然与政治、经济相比，文化并没有在高等教育发展中起支配性作用，但它渗透到高等教育的方方面面，并且以潜移默化的形式，影响到人们的价值观和意识形态。因此，在高等教育中，采取思想自由、兼容并包、百家争鸣、百花齐放的态度，是回应全球化挑战的必然选择。

全球化是全方位的历史性变革，在政治方面的影响引发了国家、社会和高等教育关系的重新定位，在经济方面的影响进一步表明了市场在高等教育中的价值，在文化方面的影响唤起了公民的自由意识，有助于兼容并包的高等教育环境的形成。与此同时，我们也应认识到，虽然多数国家都受到全球化观念的影响，但是由于每个国家的政治体制、经济结构以及文化传统各不相同，因此回应全球化趋势的方式也各有特色。目前还没有任何一种模式的高等教育改革，可以完美地应用在两个以上的不同国家，这也是高等教育研究人员必须认识到的。

三、全球化对我国高等教育的冲击

与世界高等教育的发展相比，我国高等教育起步较晚，但是发展迅猛，具有鲜明的中国特色。全球化对我国高等教育的冲击可以从经济全球化、政治全球化、文化全球化和科技全球化四个方面概括。

（一）经济全球化对我国高等教育的影响

经济全球化使人才市场趋向国际化，一个世界性的人才流动市场正在形成。由于经济周期的作用，未来我国大学生就业市场会随着全球经济周期的波动而波动；另外，发达国家或跨国公司为吸引发展中国家的优秀人才尤其是高校的人才，将会制定优惠措施。这对目前缺乏市场化运作经验和人才的我国来讲，不啻为一大挑战。经济全球化对我国高等学校人才培养目标提出了更高的要求，我国高校的人才培养目标亟待调整。为适应全球经济一体化，大学生必须懂得国际上有关的经济规则，具备相应的经验和能力，才能在就业市场上取得成功。过去，我们高校的人才培养缺乏全球化的眼光，我们的毕业生缺乏走向世界的素质和才能，这对加入WTO后并不断融入全球经济一体化的中国来讲非常不利。另外，经济全球化对我国高校的教学内容和方法必然产生影响。由于目前全球化中通行的游戏规则大都是由西方国家制定的，这些规则、制度、惯例、标准等与我国国情不相适应。我国高校有必要也应该及时改革教学内容和方法，让我们的学生了解这些规则、程序和技术标准，以适应我国参与全球化的需要。同时，经济全球化将使我国高等教育投入的渠道多样化，科研经费来源国际化。跨国公司为追求利润最大化、扩大影响，会直接要求在我国投资办学或合作办学，开设研究所。另外，许多发达国家的非义务教育早已通过市场化来运作，他们适应市场的能力远远超过我们。这将促进我国一些高校加快与国际接轨，但也对我国政府提出了一个如何从宏观上促进高等教育发展的新课题。

（二）政治全球化对我国高等教育的影响

政治全球化的发展将有助于培养我国高校大学生适应现代政治的思维方式，其互动也将对我国大学生民主理念的培养产生积极的影响。为建设社会主义市场经济下的中国政治文化，我国高校的政治思想教育应进行创新，以培养现代民主意识。高校的管理也将进一步趋向民主，如何以人为本、以学生为本，发挥教师和学生广泛参与学校管理、决策监督，都是我们今后需要解决的。

（三）文化全球化对我国高等教育的影响

当代多向的、多层次的文化互动冲击着各个国家、地区和个人。文化全球化进程不都对等，其中也有许多不平等的互动，但其趋同性和多样性、世界性文化和民族性文化并存的规律依然在发挥作用。高等学校是人类文化的传承地，文化全球化将使高校成为世界各国文化交流的中心，如翻译介绍外国文化，开设外国文化课程，互派留学生，建立各种文化宣传网站等措施，将促进我国社会主义文化的发展和创新，增加我国大学生对不同文化的理解和适应。但是良莠不齐的文化信息将使大学生的价值选择和判断的难度增大。文化全球化意味着不同地区、国家和社会制度的文化、思想、观点、信息将在我国高校迅速传播；外籍教员、外国留学生人数将迅速增加，我国大学生与外国的交流将大量增加，大学生的视野将更加开阔，这对缺乏成熟价值观的大学生来讲，是一个难以驾驭的问题。因此，过去我国高校单一集中的教育模式在多元文化环境里受到了挑战，如何创建和运用开放有序的校园文化环境来潜移默化地感染学生、教化学生，是值得我们教育工作者深思并需解决的问题。

在全球各国和地区联系日益紧密的过程中，我们一是要将文化全球化和本土化有机地结合在一起，这是我国高等教育进行文化创新的一个重要课题。我国是一个历史悠久的文化大国，我国高校在全球化的机遇下，更应积极地向全世界介绍我国优秀的民族文化。二是在我国确立社会主义市场经济体制的过程中，在全球化大潮的冲击下，我们应在社会主义精神文明原则的指导下，重塑现代中国文化，把优秀的西方文化和中国文化对接起来，形成"开放的民族的科学的大众的"现代化的中华文化。只有这样"和而不同"，我们才能消除文化全球化过程中的负面影响。

（四）科技全球化对我国高等教育的影响

随着我国不断融入全球化的大潮之中，作为世界大家庭中的一员，我们有必要从多角度运用多种理论和方法，认识和解决全球性的环境、社会、经济和政治等问题，从而有利于我们在国际舞台上的竞争与合作。这便要求我国高校设立跨学科的新专业，培养各类人才。同时，我们还要关注和研究这些高新科技会对整个世界的社会结构、道德伦理、政治关系、法律体系、生活方式和人们的心理带来什么样的冲击和变革，我们应采取什么样的对策（如基因复制等问题）来维护我国的科技安全。信息技术的迅猛发展使高等学校的教育与管理方式发生深刻变革，同时使虚拟大学（远程教育）的出现成为可能，远程教育将大大加快我国高等教育大众化和终身化，改变传统的高等教育模式，其意义非同一般；全球互联网也使全人类的优秀文化、科技资源真正成为共享，给我国不同地域更多需要教育和培训的人提供了前所未有的机会。如何根据现代信息技术的发展来整合教育资源，实现我国高等教育的大众化，如何处理现代信息技术背景下的师生关系，如何改革教学模式等，都有待我们解决。

高等教育的发展不仅意味着数量的增加、质量与效益的提高，更意味着适应性的提高。面对全球化，我国高等教育应着眼于国际市场的供需状况，处理好全球化与本土化的关系，处理好保护、引进与输出的关系，合理地配置教育资源，调整专业设置、培养目标与课程体系，建立与国际接轨的高等教育质量认证制度、建立和完善我国高等教育市场体制，提高我国教育服务的竞争力。为此，我们需要建立一批高水平的高等学校，更需要建立促进高等学校主动适应社会发展的体制与机制，培养有中国特色的高素质人才。[1]

第二节 知识经济与高等教育革新

知识经济的悄然兴起，既是一场巨大的经济转型，更是一场深刻的社会变革，必然对整个人类的价值观念、思维方式、生产方式和生活方式产生重大影响，也必然对高等教育产生全方位的冲击。知识作为高等教育的逻辑起点是联系高等教育与知识经济的纽带。从教育的外部关系规律来看，知识经济引导和推动高等教育的改革与发展，高等教育的改革与发展又促进知识经济的发展，两者存在互动性；从教育的内部关系规律来看，高等教育的育人活动需要知识经济的物质保障，知识经济实现可持续发展需要高等教育育人活动的精神保证，两者存在互补性。

一、知识经济的由来与本质

知识经济这一概念的由来，最早可追溯到 20 世纪 70 年代，当时的美国未来学家阿尔文·托夫勒，曾经在他所著的《第三次浪潮》中提出："农业社会、工业社会至 20 世纪末以后将是后工业经济的社会，即信息社会。"1982 年，奈斯比特在《大趋势》一书中，也提到了"信息经济"这一命题。1990 年，联合国经贸组织进一步提出了"知

---

[1] 林逢春，罗子婵，黄薇薇. 高等教育全球化：内涵、动因和影响 [J]. 中国高校科技，2017（S1）：102-103.

识经济"的说法。1996 年，世界经合组织在其发表的《以知识为基础的经济》的年度报告中做了明确的界定："知识经济是建立在知识和信息的生产、分配和消费之上的经济。"至此，"知识经济"一词才被广泛应用，并成为全球的焦点话题。归纳起来，"知识经济"有这么几层含义：第一，知识经济以现代科学技术为核心，是建立在知识和信息的生产、存储、扩散和应用之上的经济；第二，知识经济是以知识作为生产力发展的最主要因素的经济；第三，知识经济是以高技术产业为支柱，以智力资源为依托的，兼顾长远利益的可持续发展的经济。这几层含义虽然阐述的角度不同，但它们的本质特征却一致，即都指建立在对智力资源（人才和知识）及其无形资产（信息、技术、发明和创造等）的占有和配置，以及对知识产品的生产、分配和消费基础之上的经济。

第一，知识经济对智力资源及其无形资产的占有和配置，实际上是指对各类人才、知识以及各种信息、技术、发明和创造的拥有和配置，它不同于传统农业和工业经济对稀缺自然资源（土地、石油等）的占有和配置。人才可以通过交换和流动而被任何企业和单位所拥有；知识和无形资产可通过制成软件、产权转让或复制而被全世界的人同时享用；智力资源以及无形资产的配置，虽仍以市场配置为主体、以市场调控为机制，但它是借助计算机网络和有关媒体来完成的，因此其配置方式表现出更快捷、更有序和更合理的特点。

第二，知识经济对知识产品的生产，既包括对理论类和经验类知识产品的生产，也包括对技术类知识产品的生产。理论类和经验类知识产品，是指能给高科技产业带来经济效益的各种思想、观点、信息、原理、发明和创造等，这些"无形产品"是在高校和科研院所中，通过对各种理论类知识和经验类知识的创新、总结、综合、筛选和加工后最终"生产"出来的，它们虽不以实物形式而存在，却凝聚了各种活劳动和物化劳动，因此具有特殊的价值和使用价值，此类产品可以不断地再生产和复制；技术类知识产品，主要是指像克隆技术产品、太阳能技术产品、受控热核聚变能技术产品和数码科技等"实物产品"。这些产品在高科技产业中生产，通过把科学知识（或把理论和经验类知识产品）转化为技术和现实生产力并融入实物产品中而得到，此类产品更为轻型、附加价值更大、生产成本更低。

第三，知识经济对知识产品的消费（使用），实际上就是指对以上各类知识产品的消费或使用。关于理论类和经验类知识产品，具有可重复、可复制和可传播的特点，因此对此类产品的使用，在一定时期内会随着使用次数的增加而增值，可以不断地再生产和不断地增值，但随着知识老化和更新周期的缩短，对这类知识产品的使用也有时限；而对科技知识产品的使用，较之对传统商品的使用更为质优、耐磨、清洁和方便，它在较长的使用期内，不会因使用次数的增加而消失、转化和折旧。

从以上对知识经济的本质特征的分析来看，它是作为一种崭新的经济形态而呈现在世人面前的，因此其产生、发展和繁荣，终将离不开对知识本身的创新和有效信息的积累与利用,而知识创新又必须以高等教育的发展为依托,两者互相促进,共同发展。

二、知识经济与高等教育的相关性

知识经济是以知识为战略主体的经济,是以信息化、网络化为发展基础的经济,是以创新为内在动力的经济,是以人才为关键要素的经济,是以高科技产业为支柱产业的经济,是以科技园区为新的社会构成要素的经济。这些特征决定了它与教育,尤其是高等教育之间必须具有极为密切的相互信赖、相互促进的关系。高等教育不仅孕育了知识经济,而且成功地推动了知识经济的发展。与此同时,知识经济的发展也进一步推动着高等教育的革新与发展。时代的发展需要创新,知识经济在创新中不断对高等教育提出新要求;高等教育在不断的改革与创新中,适应和促进知识经济的发展,两者正是在这种相互依存、相互促进的过程中,形成一种良性互动关系,共同推动人类社会的进步与经济的繁荣。

(一)知识经济与高等教育的关联性

从高等教育的逻辑起点分析,知识经济与高等教育具有紧密的关联性。首先,知识是高等教育的逻辑起点,这是高等教育与知识经济联系的可能性。任何一门学科都有一个相对独立的逻辑起点,该门学科的内在规律都围绕该逻辑起点运行,诚如经济学以商品为逻辑起点,生物学以细胞为逻辑起点,教育学是以知识为逻辑起点,高等教育学作为高等教育科学的理论形态,同样也有一个逻辑起点,这个逻辑起点也还是知识,只是这种知识相对于普通教育的基础性知识来说具有专业性。也就是说,这种知识没有本质上的变化,只有程度上的变化,而且,这种程度只是相对的、历史的,不是绝对的、永恒的。例如,原始社会人们的某些言传身教所表达的或许就是高深知识,在物质文明和精神文明高度发达的未来社会,目前的高深学问在那时或许算不上高深知识。

知识是高等教育的逻辑起点,可以从两个方面来说明。从高等学校的教学过程来看,教学过程既是一个认识过程,也是提高受教育者各方面素质的过程。前者表现为教师通过一定的教学手段,将加工整理的教学内容传授给受教育者,这实质上是知识的整理和传播过程;后者表现为受教育者在教师的指导下,将一定的教育内容转化为自身内在素质的过程,这实质上是知识的内化过程。在这两个子过程中,虽然会出现多项任务和多种矛盾,如掌握"双基"、发展智力、培养道德品质、增强社会实践能力等多方面的任务及其相互关系,但其中心问题仍然是知识的选择与传承、知识的领会与掌握。可见,教学过程实质上也是知识的整理、传播和内化的过程。如果说以上从高等学校的教学过程来分析,是从纵截面考察高等教育的逻辑起点,那么从高等学校的社会职能来分析,则是从横断面来考察高等教育的逻辑起点。从高等学校的社会职能来看，高等学校的社会职能主要有三：培养人才、发展科学和直接为社会服务。从培养人才来看，受教育者在受教育前后个体素质有所差别，这种素质的差别正是知识内化的结果。一个人在受教育前，是一个劳动者；受教育后，也是一个劳动者，但两者却有质的不同，前者可能是一个简单劳动者，后者却能成为一个复杂劳动者，实现简单劳动者向复杂劳动者转化的根本原因是，受教育者接受了一定的科学文化知识，并将其内化为自身相对稳定的个体素质。所以，知识是实现人力向人才转变的根源和内在逻辑。发展科学在高校主要体现为科研活动，这本身就是知识的生产活动。从直接为社会服务来看，这种服务不同于其他社会机构提供的简单劳动力或一般的加工制造品的服务，而主要是利用高校的人才优势、智力优势、科研优势为社会直接提供的教学与科研服务，这实质上是知识的传播与应用活动。可见，高等学校的社会职能在本质上表现为知识的生产、传播和应用过程，表现为知识的选择、传承和内化过程。

知识经济针对农业经济和工业经济提出来，其划分标准是依据该种经济形态赖以存在和发展的基本资源与生产要素的结构及其特点。例如，农业经济对土地、劳动力依赖最大，对知识和资本依赖较小；工业经济对土地、劳动力依赖较大，对资本和知识依赖更大；而知识经济对土地和劳动力依赖最小，对资本尤其是知识的依赖更大。从前面的分析可以得知，高等教育活动实质上是一项知识的传播与内化活动，是一项知识的生产、物化与应用活动，知识是高等教育的逻辑起点。因此，高等教育与知识经济能够通过知识达成联姻，知识成为两者联系的纽带。

高等教育的逻辑起点是知识，但不是一般的知识，而是高深知识，其中包括高新科技知识，这是高等教育与知识经济联姻的必然性。高等教育是建立在普通教育基础之上的专业教育，它所传播的知识是在普通教育传播知识的基础上的再选择、再深入，它所生产的知识是促进现代生产发展的高新技术知识和反映当代学术热点的高深理论知识，它所物化的知识是造就高精尖专门人才的知识和创造面向现代化的科研成果的知识。高等教育的逻辑起点是知识，但不是一般的知识，而是高深的知识，其中最具有时代精神和现实价值的知识是高新科技知识。

知识经济中的"知识"在经济学界虽然没有统一明确的界定，但普遍都默认为高新科技知识，许多关于知识经济的界定都提出了知识经济是一种以高科技为基础、以创新为灵魂的经济。而在教育学界，知识经济中"知识"的含义变得泛化和混沌，往往还成为争论的焦点和研究的重点。确定知识经济中的"知识"到底所指什么知识，可以从两方面来分析。首先，从知识经济提出的历史背景来看，知识经济是在信息技术和高新科技的快速发展对社会产生了重要影响的情况下提出来的。其次，从知识经济的对立面或对应方来看，它是针对农业经济和工业经济提出来的。三种经济形态划分的标准是各生产要素和基本资源在经济发展中的构成和作用，知识经济是以知识为最基本的资源和最核心的生产要素的经济，知识成为推动和牵引经济发展的先导力量和决定性因素。也就是说，这种知识不是一般知识，而是能够纳入生产函数，并且作为第一生产函数的知识，是推动生产力发展的最具决定性和关键性作用的知识，因而它同样是强调知识在促进生产力进步和经济发展中的作用和地位。"科学技术是第一生产力"，从这个意义上说，知识经济指向的知识是高新科技知识。可见，知识只是实现高等教育与知识经济联姻的可能性，只有高新科技知识，当然也包括现代管理科学知识，才能实现两者内在的、固有的和必然的联系。

在知识经济时代，知识经济和高等教育中的高新科技知识既有共同之处，又有不同之处，但两者是统一的。知识经济中的高新科技知识不是一般的科技知识，而是对现代化大生产起决定性和革命性作用的应用性科技知识。高等教育中的高新科技知识包括对现代生产起决定性和革命性作用的应用性科技知识，也包括不能直接纳入生产函数的基础性高深科技知识。从某种意义上讲，基础性理论与应用性、技术性理论是源与流的关系，高新科技知识的不同理论形态，都属于科技知识的范畴。因此，在知识经济时代，知识经济与高等教育的高新科技知识是统一的。

（二）知识经济与高等教育的互动性

从教育的外部关系规律分析，知识经济与高等教育具有良好的互动性。

1. 知识经济引导和推动高等教育的改革与发展

知识经济必然要求确立新的教育观，诸如新的教育哲学观、教育功能观、教育本质观、教育产业观、教育发展观等。但是，观念的转变，是建立在人们认识到知识经济对高等教育改革与发展的冲击与促动的基础上。从整体来看，这种冲击和促动主要体现在三个方面。

高等教育外部关系规律显示，高等教育自身的发展需要适应社会，为社会进步和经济发展服务。知识经济本质上要求经济知识化，且指向高新科技知识，这就要求高校为经济发展和社会进步提供高新科技知识，要求高校调整教育理念，确立新的教育价值观，培养掌握现代高精尖科学技术的专门人才，以及创造一流的科研成果。新的教育理念和教育价值观要求高校在教育目的、培养目标、课程目标、教学内容、教学方法以及社会服务等方面进行改革，以迎接知识经济的挑战，适应知识经济的发展。

知识经济不仅要求经济的知识化，而且要求知识的经济化，这既是知识经济的内在要求，也是知识经济发展的客观需要。知识经济时代，教育产品的商品性凸显，高等教育的产业化运作，促使高等学校进行管理体制改革与创新，使高校成为讲究成本效益、责权利明晰的知识商品生产部门和法人实体。这就要求人们转变思想观念，明确知识的经济价值和商品特性，明确高校的法人地位和产业属性。

如果说农业经济是手工化时代，工业经济是机械化时代，那么知识经济则是信息化时代。信息化不仅影响教育价值的转变，影响教育管理体制的改革，还会导致教育教学形式的变革。知识经济将大大推动和促进远程教育、网络教育以及多媒体教学的发展，全面改变传统的教师与学生面对面的教学形式和以书本介质为知识载体的传播途径，促进教育技术的革命，推进教育终身化和教育国际化，赋予高等教育理论与实践新的内涵和外延。

2.高等教育的改革与发展拉动和促进知识经济的发展

高等教育不仅要适应知识经济的发展，还要在适应的基础上拉动和促进知识经济的发展。高等学校促进知识经济的发展，以促进高等教育与知识经济两者联系的纽带——高新科技知识在质和量两个方面的增长来实现。量的增长主要表现为通过培养科技人才来传播高新科技知识，因为掌握一定科技知识专门人才的数量越多，以生产力形态存在的科技知识在社会上的数量就越多，这种人才主要是职业型、应用型及技术型人才；质的增长不仅表现在培养更多富有创新精神和创新能力的高精尖科技专门人才，还表现在创造更多一流的科研成果，这些人才和成果所具备的科技知识都高于社会现有的科技水平，是促进生产力发展最重要的潜在因素，是推动知识经济发展最活跃的因素。这种质的增长实际上也是量的增长，但前者量的增长主要是从知识广度的增长来说的，而这里质的增长则是从知识深度的增长来说的。高等学校在一定教育理念和教育价值观的指导下，通过改革和调整，培养大批高素质专门人才和创造高水平的科研成果，从高等教育与知识经济的联系来看，也就是创造了更多更好的高新科技知识，进而推动了以高新科技知识为最革命生产要素的知识经济的发展。

高等教育促进知识经济的发展，不仅是通过高等学校的育人职能和科研职能间接实现，而且高等教育活动本身也成为一种经济活动，高等学校也成为一种经济部门，它能够直接实现经济价值，直接促进知识经济发展。高等教育的逻辑起点——知识，本身就成为一种商品。高等教育领域同样存在知识商品的生产、流通、交换和消费四个环节，其中商品生产表现为科学研究或教师的备课，商品消费表现为科研成果的应用与知识内化为学生的素质。由于高新科技知识成为知识经济最重要的资源和生产要素，生产高新科技知识的高等学校也就成为知识经济时代最重要的资源和生产要素的生产部门。可见，知识经济时代，高等教育不仅是一种教育活动，也是一种直接的经济行为，而且成为知识经济发展重要的组成部分。

（三）知识经济与高等教育互补性

从教育的内部关系规律分析，知识经济与高等教育具有高度互补性。培养人才活动是教育者将一定的知识传授给受教育者的过程，这一过程包括知识的生产、整理、传播及内化等环节，但每个环节都不直接创造物质财富，形成的科技知识也只是以知识或者个体素质等形态存在，它的外显活动表现为消费活动，而不直接表现为经济价值取向的生产活动；而且，这种消费活动对教育者和受教育者双方来说，周期长，智力和体力投入大，是一种成本代价较高的消费活动。所以，这种育人活动必须建立在一定的物质基础上，没有经济保障，这种消费就不能实现，育人活动就无法进行。

知识经济对高等学校培育人才这种高消费活动的经济保障和物质补给，主要从两个方面来实现：①高校内部的经济收入。高等学校的产品之高新科技知识是高利润商品，因而高等学校能够通过出售科技知识来获取利润，这表现为收取学费、转让科研成果以及创建校办企业等。②高校外部的经济投入。高等学校作为"社会中心"，高等教育的战略地位以及培育人才的高消费活动，必然引起政府及社会各界对高等教育的高度重视，从而促使政府及社会各界对高等教育加大经济投入力度，这表现为政府拨款、企业资助、社会及个人捐资和投资、银行贷款等。

知识经济的可持续发展对高等教育育人活动的精神依赖性。有一种观点认为，知识经济强调的是普遍提高人的全部精神能力，使理性精神能力与非理性精神能力得以和谐发展。笔者认为这种观点主观地扩大了知识经济的内涵，把这个从经济学领域引用过来的概念泛化了。从前面的分析可以得知，知识经济的提出是强调知识对生产力和经济发展的作用和贡献，突出高新科技知识的中心地位和经济价值，知识经济实质上是高新科技知识经济。也有人提出，追求经济利益是知识经济的本性。从人类社会发展史来看，由于我们以前过分强调科技的作用和物质的价值，出现了许多严重的社会问题，如生态环境恶化等。人既是知识经济社会活动的主体，又是教育的对象；高新科技知识既是知识经济社会的决定性生产要素，又是高等教育的逻辑起点。因而，减少高新科技知识对知识经济的负效应，扩大其正效应，实现知识经济的可持续发展，成为高等教育承担的重要历史使命。

高等教育之所以能减少高新科技知识对知识经济的负面效应，主要在于高等教育的育人功能。虽然高新科技知识本身就包含了一种科学精神，一种追求真理和注重事实的精神品质，一种实现经济社会公平和公正的精神支柱，但高新科技知识如果以物化形态存在，它作为一个非生命体就会失去这种精神，成为任人摆布的工具和手段。因而，人的问题就成为能否实现知识经济可持续发展的根本和关键。高等学校作为人才培养的基地，作为知识的渊薮、科学的殿堂、人才的摇篮和精神的家园，能够实现人在智力因素与非智力因素、科学精神与人文精神、个人信念与社会关怀等方面的和谐统一。它所培养的人才在认识、评价、生产或应用高新科技知识和成果时，能够形成正确的价值判断，综合考虑近期利益与长远利益、局部利益与整体利益、个人利益与社会利益等方面的关系，做出符合人类社会发展的理性选择，实现知识经济的可持续发展。

三、知识经济对我国高等教育的影响

知识经济对我国高等教育的影响与冲击是全方位的，既带来了发展的机遇，也提出了严峻的挑战。

（一）知识经济给我国高等教育发展带来的机遇

1. 知识的经济化与经济的知识化趋势，使高等教育的地位提升

在知识经济中，知识的拥有同社会经济发展及个人财富与地位升迁紧密相关，国力竞争与个人竞争在很大限度上变成知识创新和信息运用的竞争。高等教育已被国家纳入优先发展的战略与现代化建设的整体布局之中，知识因素对国民个人发展的影响日趋明显。有调查显示：知识水平较高的人拥有更多流向职业声望较高的科研、金融与计算机服务等行业的机会；在单位中拥有更多的职务升迁机会。文化程度的差异对收入差距的影响正呈扩大趋势。

2. 大众化与国际化趋势，使高等教育的市场拓展

知识经济激发了社会对知识与人才的需求，加快了高等教育大众化的进程。在我国 2010 年颁布的《国家中长期教育改革和发展规划纲要（2010—2020 年）》中，我国政府又针对高等教育的发展提出："到 2020 年，基本实现教育现代化，基本形成学习型社会，进入人力资源强国行……高等教育大众化水平进一步提高，毛入学率达到 40%"。

3. 高教、科技、经济一体化与学习终身化趋势，使高等教育的功能扩张

这种功能扩张，首先反映在高等教育原有三大功能的扩张：①时间上的扩展。为适应个体学习终身化的要求，高等教育正在从阶段性教学转向终身性教学，各种类型的成人高校、老年大学蓬勃发展。②空间上的扩大。为满足日益增长的高等教育需求，高校正在从封闭走向开放，各种形式的校外教学、网络教学、合作办学应运而生。③内容上的扩充，教学的功能已不仅是知识的储存与传递，而是集创造、加工、处理、传播与应用为一体。科研也不仅注重基础研究，开发研究与应用研究越来越占有更多的比重，不少高校结合科研兴办科技企业，高校社会服务的面越来越宽，包括企业培育服务、科技攻关服务与参与政府咨询决策服务等。不少高校与企业联合建立了一大批技术开发中心、生产力促进中心、产学研合作示范中心。其次，反映在新功能的产生。高校凭借人才资源与科研优势，广泛参与社会经济活动，在多方面都发挥着刺激经济增长、引导文化变迁、扩大国际交往、提升人类文明等功能。

4. 综合化与信息化趋势推动高等教育的改革深化

知识经济是一个高度综合的时代，它表现在知识的形成与发展、信息的加工与传播、新产品的设计与制作、商品的生产与流通等各个方面。这种综合化的特征也反映

在对人才的要求和高等教育培养目标的确立上，进而影响到学科结构的调整、专业与课程的设置，以及教学方法、考试方法等各个方面的改革。从对我国当前高等教育改革的影响看，必须确立综合化教育思想已渐成共识；"厚基础、宽口径、强技能、善创新"的高素质的复合型人才的培养目标已被广泛接受；按综合化的思想合并学校、调整专业、重组学科、优化培养模式等方面的改革已取得相当大的成就。以电脑化、网络化、数字化为主要内容的"信息化"趋势对我国现行的高等教育的影响不仅是教育技术与教育手段的变革，还是从教育观念、教育体制、教育模式到教育管理的全方位的改革。伴随着教育信息化的进程，传统的"传道、授业、解惑"的教育观、"博闻强记"的学习观正发生改变；注重正规的一次性的学校教育制度和强调整体的同步的班级授课模式也将逐步瓦解，取而代之的将是以适应信息化要求的弹性化教育制度与个性化的学习模式。

5. 产业化与社会化趋势使高等教育发展的环境不断优化

为满足强劲的社会需求，近年来，我国迅速调整了高等教育的布局结构、专业结构，扩大了招生规模，提高了办学效益。知识经济的高增值性所积累的巨大财富又可以为高等教育的进一步发展提供坚实的经费保障。再次，反映在高等教育的发展将获得日益广泛的社会支持。随着产业化带来的开放、竞争、质量与效益等观念的增强，以及人们对高等教育社会经济功能认识的深化，人们越来越关注高等教育，尊重知识、尊重人才、支持高等教育的社会氛围将进一步形成。这一切都可以为高等教育发展创造良好的物质环境与精神环境。

（二）知识经济给我国高等教育发展带来的挑战

1. 国际竞争加剧对高等教育培养目标的挑战

知识经济与高新技术的发展对人才素质的要求越来越高，高素质的人才已成为新的国际竞争的关键因素。这就对传统的高等教育培养目标及培养方式提出了严峻的挑战。根据武汉大学最近就大学生的教育质量问题在全国范围进行的一次抽样调查结果，我国高等教育在培养目标及培养方式上存在着下列"六重六轻"：重成才教育、轻做人教育；重专业教育、轻基础教育；重书本教育、轻实践教育；重科技教育，轻人文教育；重共性教育，轻个性教育；重继承教育，轻创新教育。社会对毕业生的评价是创新能力不强；敬业精神、合作精神不足；身体素质、心理素质相对较差。

2. 知识高度综合对高等教育人才培养模式的挑战

高度综合的知识经济社会最需要的是具有广博知识和综合能力的通才。国外的研究发现：有成就的科学家多是靠博才取胜；当今诺贝尔奖的获得者中，有不少既是某门学科的"专才"，又是善于进行综合性研究的"通才"，这对我国长期以来注重专才培养的教育模式提出了挑战。人才培养模式由培养目标、专业设置、教育方式、学习方式与评价方式等要素构成。我国传统的人才培养模式的特点可概括为五个字：一是"专"，即强调按统一的计划与要求培养人才，培养目标过专；二是"窄"，即专业划分过细，专业口径过窄；三是"灌"，即教学重灌输，轻启发；四是"死"，重记忆，轻思考，学习方式过死；五是"偏"，即评价指标片面，评价方法单一，评价结果偏颇。这种模式培养出来的学生在计划经济体制下容易对口安排，但综合素质较差，适应面较窄，创新能力较低。在知识经济时代，这种人显然不能适应。

3. 功能迅速扩张对高等教育体制的挑战

知识经济条件下的高等教育承担着时代赋予的多种社会功能，高等教育能否实现这些功能，关键在从事高等教育活动的主体——人的积极性、主动性与创造性的发挥，而人的主体性的调动又取决于制度和体制。近年来，我国在高等教育体制方面的改革已取得重大进展，但面对知识经济的挑战，仍然存在着许多不相适应和阻滞功能实现的缺陷。仅就校内管理体制而言：从人事制度看，仍带有一定的"管、卡、压"特征。例如，在管理上重管"人"轻管"事"，在职称评定上重指标、轻条件，在职务聘任上重任命、轻竞争。在人才流动上重安排、轻自愿，忽略了人的主体性。从分配制度看，在很多方面仍反映出重身份、重资历的色彩，离知识、技术、管理等生产要素和按贡献进行分配的要求还有较大距离，影响人的积极性；从教学科研的评价制度看，既缺乏分类型、分层次、合理的评价指标体系，也缺乏科学的评价方法，更缺乏健全的评价组织，不能激励教师积极开展教学与科研，压抑了人的创造性。

4. 网络自由传输对高校德育的挑战

教育是培养人的活动。高校德育既是高等教育的重要组成部分，也是培养有理想、有道德、有文化、有纪律的一代新人的重要手段。知识经济时代，网络传输的自由度大大提高，这有利于信息资源共享，有利于加速国际合作与交流的进程；同时也对高校德育提出了挑战。随着网络的发展，各种思想文化的交融、碰撞将愈来愈激烈，西方的文化，包括影视、音响、书刊等将大量进入我国高校，各种意识形态和生活方式必将对大学生的价值观念、思维方式产生极大影响，有可能造成观念的冲突与思想的腐蚀。知识经济条件下高校德育工作将愈来愈重要，也将愈来愈复杂。

5. 教育资源共享对高等教育市场的挑战

这种"共享"既有利于我们引入优质的教育资源，以提高教学质量，也有利于拓宽生源市场，以提高办学效益。但"共享"带来的挑战也是严峻的。首先是高校人才资源的争夺已成为不争的事实。一位西方学者曾直言不讳地讲："欧美要保持科技竞争实力，非常需要中国的人才。"许多发达国家通过制定一系列优惠政策来争夺全世界的尖子人才，而中国被他们视为抢挖人才的宝库。高校教师资源是人才争夺的重要内容。其次是学生资源的争夺。当今，欧美许多国家的高校自然科学专业的本土招生出现迅速下滑趋势，研究生生源更是严重短缺，这些国家正把生源市场的目标转向中国。近年来，我国生源流失已相当严重，而且正在出现由研究生层次向本科生层次、由高龄向低龄、由小批量向大批量发展的趋势。可以预料，21 世纪的高校生源争夺将会更加激烈。[2]

第三节　市场经济对高等教育管理体制的挑战

市场经济与高等教育之间是相互渗透、相互作用，市场经济制约着高等教育，高等教育服务于市场经济，二者表现为相互供需的关系。高等教育的发展规律必须适应市场经济的客观规律，高等教育的体制改革也必须应对市场经济体制的挑战。

一、市场经济对高等教育的影响

经济基础决定上层建筑，高等教育作为上层建筑的重要组成部分，受一定社会的经济、政治、文化所制约，并为一定社会的经济、政治、文化服务。因此，市场经济对高等教育的影响具有客观的必然性，在我国社会主义经济由计划经济体制转向市场经济体制之后，高等教育要想独立于市场经济之外不可能，必然受到某些冲击与影响。

市场经济的大潮冲破高等教育原有的运行机制，给高等教育带来有力的动力机制，驱动高等教育加快改革步伐。这是市场经济给高等教育带来长期效应的集中表现，也是市场经济对高等教育影响的本质所在。市场经济对高等教育的积极影响主要表现为：第一，市场经济的健康发展为高等教育的良好发展创造良好的社会环境。市场经济的健康发展，社会生产力的提高，综合国力的提升、人民生活水平的提高，为高等教育的发展提供良好的外部环境。同时，市场经济中多种所有制形式的存在，将进一步促进形成多种形式发展高等教育的新局面，适应人们接受高等教育的需要，形成国家办高等教育与社会、个人办高等教育并举的格局。第二，市场经济的发展为高等教育改革注入新的活力。随着市场经济的发展，我国经济建设的速度和社会各项事业的发展速度加快，社会各方面对高层次专门人才的需求急速增加。随着人们生活水平的提高，对接受高等教育的需求也相应提高，这为高等教育的改革与发展注入新的活力。第三，市场经济的发展促进高等教育观念的不断变化，引起了高等教育领域内部的深刻变革。市场体制要求的开放意识、创新意识、竞争意识、信息观念、时间观念、效益观念等必然会渗透到高等教育的思想观念之中。高校管理体制到办学体制，从招生到就业制度，从教育结构到教学内容，从投资结构到自主办学以及教育的其他方面，都发生了新的变化。第四，市场经济的发展将为高等教育提供广阔的社会实践领域。市场经济体制有利于高校教育根据市场需求确立人才培养目标，调整专业设置、改革教学方法；

[2] 陈皓.知识经济时代下高等教育发展与革新探析 [J].学园，2015（33）：5-6.

有利于在高等学校内部建立起提倡竞争、讲究效率的机制，调动起广大教师的积极性，促使教师主动地探索新的教学过程；有利于高等院校面向社会，缩短知识转化为生产力的周期，促进科研成果的转化。

从长远看，市场经济为高等教育的改革和发展带来活力。但市场经济的天然性的弊端——本位性、盲目性、自发性，也对高等教育不可避免产生一定负面的影响。市场经济的自发性容易导致教育目的的模糊，其多变性容易导致教育规律难以遵循，其开放性使得师资队伍不稳定，其本位性容易导致教育价值取向的偏颇，其功利性致使教育主体行为扭曲，其短期性使得教育功能萎缩等。当前高等教育中出现的重科研，轻教学；重应用开发研究，轻基础理论研究；重有偿服务，轻无偿服务；教师重第二职业，轻本职工作；学生重外语和计算机，轻系统知识的学习等都折射出这种影响。

目前，我国正处于市场经济的不断完善阶段，其中不完善的成分必然反映到受制约的高等教育身上，尤其在社会转型时期，高等教育不可避免地要受到某种侵蚀。同时，高等教育自身体系的不完善又为这种消极影响提供了土壤。我国原有的高等教育模式是建立在计划经济体制下的。面对经济体制的转轨形势，高等教育在失去固有依托的条件下，既很难维持原有的运行机制，又很难建立起新的运行机制。在这种情况下，高等教育往往就会随波逐流，市场经济的某些弊端就会乘虚而入，高等教育自身也不可能超越经济规律的制约而寻求自己的"避风港"。再加上文化传统包括积习已久的思维方式，面对市场经济的冲击，要想做出新的选择是一个痛苦的过程。由此就有可能产生极为相反的两种倾向：一种是维护传统的教育模式，另一种是对新观念尚未完全理解和消化之前的全盘接收，而这两种倾向在一定时期以一种"畸形"的结合方式贯穿在高等教育的改革过程之中。

市场经济已成为我国经济发展的主旋律，高等教育作为社会的一个有机体不可能摆脱或躲避市场经济的冲击，市场经济对高等教育的影响是一种客观存在，其中既有积极的正面影响，也有消极的负面影响。高等教育要积极主动地适应市场经济，借助建立市场经济体制产生的推动力，抓住机遇，促进高等教育的改革和发展，积极应对市场经济对高等教育的挑战。

二、市场经济对高等教育的调节

在市场经济条件下，大学身不由己地卷入了市场，不可避免地要受到市场的调节和支配。市场对高等教育的调节有许多优点。

第一，通过发挥市场的调节作用，高校对外界社会的需求反应和适应变得更加敏感、快捷，有利于高校自主招生和合理设置专业。威廉斯评论道："市场模式的主要优点是它可以不断地刺激学院和大学，使其适应不断变化的经济和社会状况。"高等教育的市场调节主要是通过高校对消费者需求变化、劳动力市场需求变化和社会对知识产品的需求状况的反应表现出来。当市场上某一专业的人才需求发生变化时，高校和消费者便会根据这种供求变化信号，按照自身的经济利益，及时调节自身活动，以便在市场竞争中求得生存和发展。就消费者而言，他选择进入什么学校、选学什么专业，反映了目前和未来劳动力市场对某一方面人才供求状况；也反映了目前高校市场的价格（收费水平）、竞争（入学选择）。就高校而言，它对市场的反应，主要通过消费者需求变化、劳动力市场变化来实现。消费者市场供不应求时，高校便以各种方式争夺生源；劳动力市场某些专业人才供过于求、某些专业人才则供不应求时，高校便立即调整专业和教学方式，增设培养社会紧需人才的专业，缩减或取消个别专业培养计划，以适应市场的变化。

第二，市场的积极调节作用有利于高校合理定位，办出特色，办出水平。格拉夫在谈论美国高等教育时认为："在美国这种系统中，消费者的需求起着重要作用。消费者掌握着平衡杠杆，而计划者却没有：消费者不仅可以选择进入哪所院校，而且可以随意退出，从一所院校转入另一所院校。由于存在着如此广泛的入学选择权和以后的退学权、转学权，因此各学院和大学的生存或者依赖于满足用户的需要，或者依赖于以自己大学的优秀质量来吸引用户。只有形成自己学校的特色才能吸引用户，雷同则不能。既然如此，许多院校都努力建立自己的特色，而不是被动地接受统一的模式。"在强大的市场作用面前，高等学校不得不力图办出自己的特色，力争做到"人无我有、人有我优"，以与众不同的服务内容和方式，确保自身在市场竞争中立于不败之地。

第三，市场的调节作用有利于高校建立市场主体意识，发挥自身的主观能动性。在市场经济条件下，任何一个经营主体都面临着盈利、亏损、破产的可能性，都必须承担相应的利益风险。风险机制以利益的动力和破产的压力作用于商品经营单位，使得每个经营者时时刻刻关心生产经营情况，从而督促和鞭策他们奋发努力，变革更新，不断进取。高校虽然不同于企业具有经营性，但同样受市场竞争机制的影响。因循守旧、故步自封、一成不变，会导致其在激烈的竞争中被淘汰。只有改革创新、因时思变，才能取胜于市场。可见，市场对高等教育的教育观念、办学体制、管理方式、教学方式、招生与就业制度以及人才培养模式等各方面产生了重要影响，给高等教育的改革和发展带来生机与活力，促使高等教育必须改革体制，调整结构，提高质量和效益，并且从社会和经济发展的需要着眼，从实际出发，着力办出高校自己的特色。因此，高等学校要遵循市场经济规律，引进市场机制，面对市场自我调节，以适应市场经济对高等教育提出的新要求。

三、市场经济对高等教育管理体制改革的要求

社会主义市场经济的完善和发展，对高校管理体制的改革提出了新的要求。

（一）高等教育要面向市场需求培养人才

市场经济的发展需要对人才素质的要求更加全面，既需要有文化、懂技术、业务熟练的劳动者，也需要具有现代科学技术和经营管理知识的管理人员；既需要能够适应现代科学文化发展和新技术革命要求的高级专业技术人员，也需要品德好、能力强、业务精的综合性人才。教育管理体制改革就是要从体制上促使人们转变教育观念，树立正确的人才观和教育观，适应市场经济对人才的要求，培养满足市场需求的人才。这就要求高等教育体制改革与经济体制相适应，树立教育为经济建设服务的观念，克服狭隘的为教育而教育的旧观念，同时还要树立大教育观念，即树立全时空的教育观。在空间上，放眼未来，要把学校教育与家庭教育、社会教育结合为一体，打破封闭式的围墙里的教育，把教育和社会联系起来，放眼社会，放眼世界。在时间上，要把就业前教育和就业后教育结合起来，把学校教育纳入终身教育体系中去考虑。学校的就业前教育不仅要考虑学生将来从事什么职业，而且要使他们具有终身学习的能力，以便能够根据科技发展、生产变革以及市场的变化随时参加学习。

（二）高等教育要调整培养目标，改革教育内容和方法

市场经济的主要特点是开放性、竞争性、创新性、法治性。为适应这些特点，就要求教育培养的人才具有宽广的知识视野，善于捕捉信息；有果断的决策能力，敢想敢干，勇于创新；有经济头脑，注重经济效益，讲究工作效率；有较强的法治观念，善于处理人际关系等。为此，在培养目标上要克服单纯追求应试升学的观念，注重学生基本素质的提高。在市场经济的条件下，仍然要坚持社会主义教育方针，培养学生在德智体诸方面都得到发展。特别要加强思想道德教育，提倡敬业精神。要教育学生坚持真理和正义，反对虚伪和邪恶。在教育内容上要改革，要加强科技教育，增加发展社会主义市场经济所需要的内容。特别是高等学校和职业技术学校要根据市场经济发展的需要，根据当地的条件调整专业设置、课程内容。在教育方法上，要改变只为应付升学考试的呆板死记的做法，注意减轻学生的课业负担，使学生生动活泼主动地发展。

（三）建立适应社会主义市场经济的教育体制

我国现行的教育体制高度集中，高度统一。这种体制使办学缺乏生机和活力，难以办出特色。在这方面，高等教育的问题最为突出，表现在教育投入和发展与经济投入和发展不适应，专业设置和教育质量与市场经济不适应，招生、分配制度与社会需

求不适应。根本的问题是教育体制与社会主义市场经济体制不相适应,因此必须加以改革。教育体制改革的目标是加强院系的决策权和办学的自主权,使院系和一线工作的教师能够参与决策,根据市场的需求调整教育结构,调整专业设置、课程计划和培养方式;能够根据自己的条件和院系的优势办出自己的特色;能够参与科技市场竞争,把院系的教学与科研、生产联系起来,利用学校科技优势,创造新的科研成果,并迅速转化为现实生产力,从而促进社会主义经济的发展。

（四）面向市场经济,建立有中国特色的现代大学制度

随着经济体制改革的深入,传统的大学制度愈来愈不适应经济体制改革的要求,建立与社会主义市场经济制相适应的具有中国特色现代大学制度,成为我国高等学校管理体制改革的目标。现代大学制度应与社会主义市场经济体制相适应,符合高等教育的规律,管理体制与运行机制相统一。现代大学制度的本质是面向社会,自主办学,民主管理;基本特征是学术自治、政校分开、权责分明、管理科学。建立现代大学制度的核心,就是为了有效地配置教育教学资源。实现这一目的最有效的方式,就是在现代大学制度的建设中,引进市场体制和运行机制,增强大学制度对市场的适应能力。[3]

市场经济已成为我国经济发展的主旋律,高等教育作为社会的一个有机体不可能摆脱或躲避市场经济的冲击。建立与社会主义市场经济体制相适应的高等教育管理体制是市场经济发展对高等教育的必然要求。

---

[3] 万小翔.市场经济条件下高等教育管理体制改革的若干思考[J].西部素质教育,2017,3（20）:86-87.

第二章 新时期高校教育教学管理的理论基础

第一节 新时期高校教育教学管理的基本依据

一、自然属性与社会属性相统一

高等教育管理的自然属性,是指高等教育管理活动在本质上具有不因社会条件和时代背景而变化的稳定性;高等教育管理的社会属性,是指高等教育管理活动随社会形态的变化和历史发展过程中所形成的特殊个性而呈现不同特征的性质。

(一)高等教育管理的自然属性

高等教育管理的自然属件主要表现在三个方面:一是高等教育管理的普遍性。即高等教育管理是普遍存在的,不论哪个国家,哪个历史时期,只要存在高等教育活动,就存在对培养高级专门人才的活动进行管理的必要;二是高等教育管理的共同性,即高等教育管理在各个历史发展时期都具有明显的共同地方,这些共同点不因国家的政治、经济、文化等差异而有所变更,也不因历史时期的变化而消失。正因如此,中国传统高等教育管理中的优秀部分就被继承和发扬,欧洲中世纪大学的校、院制一直被现代大学所采用,还有其学位制也一直沿袭至今。三是技术性,高等教育管理使用的技术和方法一般不受社会制度的影响,各国都可以相互借鉴、学习、使用先进的管理技术和手段,如计算机用于高等教育管理等。

(二)高等教育管理的社会属性

高等教育管理具有历史继承性。即在人类创造历史的过程中,由于社会及自然环境不同,形成的各种地域文化在高等教育管理活动中留下了深深的烙印。这些"印记"在高等教育管理思想和管理信条上表现为不能超越一定的社会文化形态以及人们的社会心理状态,具有"同源文化"的国家和地区,在高等教育管理思想和管理哲学上具有很大的相似性,而"非同源文化"中所产生的高等教育管理思想和管理哲学就存在明显的差异。

自然属性和社会属性是高等教育管理活动本身所具有的两种属性，两者处于矛盾统一体中。这两种属性统一于计划、组织、指挥、协调、控制等管理职能上，根本上统一于高等教育管理效益中。

二、封闭性与开放性相统一

高等教育管理的封闭性，是指在高等教育管理过程中，根据高等教育管理的特殊矛盾而在高等教育系统内部自我运转和良性循环的性能；高等教育管理的开放性是指在高等教育管理过程中，根据高等教育管理的特殊矛盾而在高等教育系统与外界环境相互关系、互相作用中实现物质、能量、信息交换的性能。高等教育系统的"存在"与"发展""必然"和"偶然"的矛盾统一是高等教育管理封闭性与开放性矛盾统一规律的两种典型的表现形态。高等教育的发展理论、权变理论和开放系统学说，都是以遵循这一规律为前提的。

（一）高等教育管理的封闭性

在高等教育系统内部，无论进行什么高等教育管理工作，前提就是在相对独立、完整的高等教育系统内部，按照高等教育系统的特定目标而进行优化组合，即在高等教育系统的"投入—加工—产出"的过程中构成一个相对封闭的系统。没有封闭性，高等教育系统就没有相对稳定的环境，任何对高等教育系统的分析及高等教育管理活动过程都不可能存在。这种封闭性是一种客观存在，是为了更好地进行高等教育管理的必然要求。完全封闭的高等教育系统是不存在的，因为完全封闭就意味着与环境不进行任何物质、能量、信息的交换，这样的高等教育系必然逐渐消亡，所以，高等教育系统和高等教育管理的封闭性又具有相对性。

（二）高等教育管理的开放性

高等教育系统一方面受外界环境的制约和影响，另一方面又对环境施加影响；两者之间存在着物质、能量、信息的交换，这决定了高等教育管理的开放性。这是实现高等教育系统整体特性功能目标的需要，是实现高等教育管理高效益的需要，也是高等教育系统存在和发展的物质基础和基本条件。

（三）高等教育管理的封闭性和开放性既对立，又统一

首先，高等教育管理的封闭性和开放性是相对的。高等教育管理的封闭性的重点是强调高等教育管理系统目前的"存在"，将人力、物力、财力放在目前"存在"上，影响发展，失去了取得更大效益的机会；高等教育管理的开放性则强调高等教育管理系统的发展，过分注意高等教育管理系统效益的最优化，忽视系统"存在"，将导致高等教育管理系统的"存在"基础动摇。其次，高等教育管理的封闭性和开放性又是统

一的。高等教育管理的封闭是相对的封闭，是包含开放的封闭，并在开放的封闭中实现自身的优化和发展。高等教育管理的开放是在一定存在基础上的开放，这种开放只有依存于相对独立的、完整的高等教育管理系统，才能和社会环境进行物质、能量和信息的交流，从而建立起新的更能适应社会发展需要的高等教育管理系统。

三、学术管理与行政管理相统一

在高等教育管理中处处离不开行政管理，如制定高等教育的规划，对人、财、物等资源进行分配和调控，对计划的执行进行检查督促，协调高等教育系统中的各方面使其正常运转等。但在高等教育管理中，学术管理是很重要的方面，学术水平的高低、学术管理的成功与否，对高等教育管理的水平及其发展有重大影响。因此，在高等教育管理中必须坚持学术管理与行政管理的统一。学术管理与行政管理的不同点主要表现在以下三个方面。

（一）指导原则不同

学术管理中要坚持学术自由的原则，提倡百家争鸣，这是学术繁荣的基本条件。学术上的分歧要通过开展充分自由的讨论取得共识，不能由某个权威人物说了算，也不能采取少数服从多数，即所谓的学术民主方法。学术问题只能用学术标准评判，强调科学性，要用科学实验和论证、调查研究、同行专家评估的方法，而不能采用行政管理中行政决断的方法。行政管理中由于存在抓住机遇的问题，所以强调少数服从多数的原则，适时做出决断。但行政管理的重大决策，也要考虑其科学性、合理性，同时更要强调要从实际出发，要考虑其可行性，考虑它会产生什么影响和效果。

（二）采用方法不同

在学术管理中，要根据不同学科专业的特点采用不同的方法。由于学科、专业、任务的不同，所运用的方法也就不同。因此，学术管理不能采用统一的模式，应该是多样化的管理方式。管理文科和理科的方法不一样，管理专业课和基础课的方法也不相同。行政管理则强调统一，由于它强调从全局出发，发挥高等教育的整体功能，因此，往往用集中划一的方式，用政策法令、规章制度等统一和协调高等教育管理的各方面工作。

（三）管理程序不同

学术事务的管理是依靠教授专家实行民主管理。在西方大学中，学科发展方向的选择、学术规则的制定、学术梯队的配置，甚至包括教学研究人员的选聘等问题的决策管理，都由教授讨论会决定。我国实施"863计划"，为了少出现失误，在决策中也参照西方经验，实行了"首席科学家制"。在我国很多高等学校，学术事务管理上的决策,也都吸收教授参与讨论。行政管理是贯彻执行上级指示和领导工作意图,是一种"科层式"管理,强调下级服从上级,从上到下逐级指挥和布置,层层贯彻执行。

高等教育管理中学术管理与行政管理虽然有上述这些不同的特点,但只是相对的,学术管理与行政管理往往是交织在一起的,很难截然分开。特别是随着高等教育日趋大众化,高等学校规模的扩大和内部结构的日益复杂化,高等教育管理的难度也逐渐加大,这必将促进行政管理的强化。在高等教育管理中,要更加注意根据学术管理与行政管理的不同特点,采用不同的方法进行管理,并尽量协调好两者之间的关系,绝不能用行政管理代替学术管理。

四、过程管理和目标管理相统一

探索管理活动的过程是管理科学的核心问题之一。管理过程是为实现管理目标执行一系列管理职能的动态过程和环节。管理活动按一定的程序,行使其基本职能,形成有序的管理过程和环节,才能顺利地实现管理目标。如果对管理过程缺乏综合分析,就难以揭示各部分管理工作的内在联系。

(一)过程管理

高等教育管理过程可以归纳为计划、执行、检查、总结四个环节。"计划"是起始环节,统领整个管理过程。计划环节包括确定目标、制订若干方案、选择决策、拟订行动计划等。制订计划最主要的内容是确定管理目标。"执行"是使计划付诸实施。执行环节是管理者在管理过程中实施组织、指挥、协调、控制等一系列管理职能,其内容包括建立机构,完善制度,组织人力、物力,指挥行动,协调关系,教育鼓励等。通过这些手段,协调人、财、物等各种要素的相互关系,使其效能充分显示出来,使计划得以实现,达到既定的目标。"检查"是对执行的监督和加强,因此检查环节和执行环节是结合在一起的,不是截然分阶段的。检查环节主要是实施管理的控制职能,其重要内容是建立反馈渠道和机构,及时提供反馈信息,以保证计划所规定的目标的实现。检查还能检验计划的正确程度,必要时采取追踪决策,调整计划,修改或补充执行措施。"总结"是终结环节,是对计划、执行、检查这三个环节的总检验,是用计划目标作为尺度对管理的全过程进行总评价,也是为制订新的计划提供依据,起着承前启后的作用。由此可见,管理目标统率、指导着管理全过程,管理过程的各个环节都是为实现管理目标服务的。高等教育管理者在管理过程中,一定要保持清醒的头脑,时刻不忘管理目标,一切为实现管理目标而奋斗,如果成天忙于事务,把手段当成目标,那就会迷失方向。

(二)目标管理

目标管理是运用目标指导管理过程的一种管理方法,其内容包括:由管理者和被管理者根据组织的任务共同确定管理目标，包括把总目标分解为部门目标和各成员的个人目标；动员各部门和全体成员自觉地为实现各自的目标而努力工作；用管理目标检查工作的进度和评估工作的成效，根据成果实施奖惩。

高等教育管理过程还有难以控制的特点，原因有以下几点。一是学校教育工作的周期性长，管理效能具有滞后性，它的社会效益要在若干年以后才能显示出来；二是教师工作决定了其工作方式大多是个体劳动，具有很大的独立性，不像工厂生产物质产品那样按工序进行严格的分工；三是高等学校的"产品"（学生）很难定型化、标准化，培养学生的质量不易检验，而且学生还有很大的可塑性，学生的性格、思想、智能也各有差别，在管理过程中要注意因材施教，这也增加了控制的难度。因此，高等教育管理要把过程管理和目标管理结合起来。

五、管理与服务相统一的规律

一般来讲，管理具有两方面的职能，一是协调和控制生产关系的职能，二是组织生产的职能。在管理实践中，这两方面的职能就是指管理与服务。两者虽有区别，但又密切联系，相互促进，是辩证统一的。服务工作做得好，有利于加强管理，而科学有效的管理本身就是很好的服务。

在高等教育管理中，必须注意根据高等教育的特点，处理好管理和服务的关系。要正确处理好高等教育管理中管理和服务的关系，关键是正确对待教育工作者，特别是高等学校中的教师。在高等学校中教师既是主要的管理对象，又是主要的服务对象。在高等学校中必须充分理解和尊重教师，因为办好高等学校，搞好教育管理，主要依靠教师。要尊重他们的人格和个性，理解他们具有个体的劳动方式、喜欢独立思考、遇事求真的思维习惯等特点，对他们的业务成绩要合理评价、充分肯定。[4]

在高等教育管理中，在处理管理和服务的关系时，还必须把对上级领导机关负责和对群众负责统一起来。要管理，必然要按上级指示和规章制度办事，这是应该的，也是容易做到的。但高等教育管理事业的发展，必须依靠师生群众，只向上级负责，看不到群众，必然不会从实际出发解决问题，必然会挫伤教师的积极性，从而不利于高等教育管理工作的开展。

第二节 新时期高校教育教学管理的目标

高等教育管理目标的确定，需要科学的依据。高等教育管理目标是整个高等教育发展目标的一部分，它的确立必然受制于高等教育发展的各方面的因素。确立高等教

---

4 张雅婷.新时期高校教育管理的发展方向探讨[J].现代经济信息，2018（23）：359+361.

育管理目标，既要适应社会发展的外在要求，又要符合高等教育发展规律的内在需要，还要考虑高等教育管理对象的诸因素的不同状况。

一、高等教育管理目标确立的社会发展依据

确立高等教育管理目标，必须把高等教育的发展放在整个社会发展中考察。当今社会，科学技术突飞猛进，综合国力竞争日趋激烈。为了迎接21世纪的挑战，国家制定了"科教兴国"的战略，从而为高等教育的发展提供了良好的机遇。

人类社会的发展，至今经历了从原始社会向农业社会的第一次转变和从农业社会向工业社会的第二次转变。今天，人类社会正经历着从工业经济时代向知识经济时代的第三次转变。知识经济是以知识资源为第一生产要素的经济，是以高技术产业为支柱产业的经济，知识经济的基本要求和内在动力在于知识创新和技术创新。

迎接知识经济、实施"科教兴国"的主要对策有两点：①建立国家知识创新和技术创新体系，尽量使我国的科学技术，特别是高科技和高新技术产业有较大的发展。②深化教育改革，积极培养具有创新能力的人才。这就使以创新知识和培养创新人才为己任的高等教育面临着新的挑战。

二、高等教育管理目标确立的教育发展依据

实行高等教育管理，旨在为高等教育的改革和发展服务，最终实现高等教育目的。高等教育的发展离不开党的教育方针和政策的指导，高等教育管理应根据党的教育方针和政策目的要求来确定其目标。

现代高等教育的改革和发展，要求人们注视和研究国际经济、科技的发展趋势，增强教育的开放意识，认真借鉴世界各国的有益经验，从而加快发展我国的高等教育事业。这要求高等教育管理目标的确立既要围绕国家和社会对高等教育发展的基本要求，又要体现在管理理论上的科学性、管理理念上的时代性、管理实践上的高效性、管理内容上的切实性、管理过程上的目的性。高等教育管理目标的确立，如果缺少管理科学的思维方式，就不能使其目标合情合理，切实可行，就难以达到实行目标管理的目的；高等教育管理目标的确立，如果缺少时代特征，就不能使其目标符合高等教育改革与发展的要求，就违背了高等教育管理的初衷；高等教育管理目标的确立，如果不能使其操作简便、明了、易行，就不易被管理的主客体双方接受，就难以达到事半功倍的效果；高等教育管理目标的确立，如果其内容要求不切实际，不考虑各地、各层次、各类型的具体情况，就难以真正为高等教育的改革与发展服务；高等教育管理目标的确立，如果在实行其全过程的各阶段，要求不明确，就会形成操作中的盲目性，并且难以在实践中加以修正，就不可能达到最后目标的要求。

高等教育的改革和发展，旨在更快更好地实现高等教育的目的，这一目的集中反映在国家和社会对人才的需求上。只有以高等教育发展为依据，才能体现管理目标的确立为培养社会主义建设要求的人才服务。

三、高等教育管理目标确立的工作目的物依据

高等教育管理对象包括人、财、物等多种类型，通常称之为管理工作的目的物。在人、财、物各类管理对象中，人是最为关键的，因为财和物的管理最终均是由人来实现的，从这层意义上来说，高等教育管理的对象主要是人。由于人的层次、素质和水平的差别，高等教育管理的具体目标有所不同。如果不依据高等教育管理对象的不同层次和具体情况，把目标定得过高或过低，都会影响高等教育管理工作的成效。

高等教育管理对象具有双重性，既是管理者，又是被管理者。较之于高层管理者而言，中层管理者则是被管理者，较之于中层管理者而言，基层管理者则是被管理者，而基层管理者又是具体事物的管理者。不可否认，在当前高等教育管理对象不同层次的人员中，其整体素质，无论从思想观念、文化水平，还是业务能力，与以前相比都有提高。但是，随着高等教育的不断发展，高等学校结构布局的调整和管理体制改革的深入，部分人的育人观念、时代观念、敬业观念、服务观念等适应不了形势发展的要求，心理承受能力不足，主人翁意识不强。如果对上述情况不做深入的了解和具体的分析，那么就难以制定出切合实际的具体目标。另外，由于各地区发展的不平衡造成的高等教育发展的不平衡，显示出高等教育管理的差异性。如果在制定目标时不考虑不同地区管理水平及要求的差异性，对发达地区和不发达地区采取"一刀切"的笼统管理模式，那么，其目标就会造成空洞及操作过程的不切实际，从而使确立的目标流于形式。

四、高等教育管理的目标模式

高等教育管理的目标模式包括管理目标确立的理性模式、渐进模式和综合模式。

（一）管理目标确立的理性模式

理性模式主要要求是切实，即目标的制定者根据完备的综合信息、客观的分析判断，针对许多备选的目标方案进行论证评估，排定优劣顺序，估计育人的成本效益，预测可能产生的影响，经比较之后选择最佳方案。这种模式是以理性的行为作为选择基准的。理性的行为是扩大目标成就的行为，是根据客观资料，确立目标手段的行为。

理性模式的最终目的，是希望设计出一套程序，使管理者利用此程序，能够确立一个有最大"净价值成效"的合理目标。即希望花最小的代价，获取最大的成果。而具有最大"净价值成效"的目标，就是一项理生的目标。"净价值成效"是指目标所要

求的效果大于其付出的价值。在这个意义上，理性和效率意义相同。效率是价值输入和价值输出的比例。一个理性的目标就是效率最大的目标，目标所要求的价值与其在实行过程中所付出的价值之间的比值大于1。理性模式是人们在追求理性目标努力下创造的，是对理性目标制定过程中一种概括和抽象。

理性模式要求应满足的条件是：知道所有的教育要求及其相对的重要性；知道可能的多种目标方案；知道各种目标方案可能产生的结果；能估计目标方案所能实现的与不能实现的教育要求的比值；能选择最佳的目标方案。在这个模式中的理性，是指人们不仅要能知晓、权衡整个教育要求的实现程度，而且还要有关于目标方案的详尽资料、正确预测各种目标方案后果的能力，以及能准确把握管理成本与育人要求的操作程序。

理性模式可以促进高等教育管理目标确立的合理性，使内容切实，要求适中，操作可行。然而，由于管理者的能力和掌握的知识有限，其目标的确立不可能完全满足理性化的要求，从而需要通过渐进的方式加以修正。

（二）管理目标确立的渐进模式

渐进模式的主要要求是调适（或修正），即运用"边际调适科学"的方法，以现行的目标为基础，通过时段的实践，再与其他方案相比较，然后决定哪些内容需加修改，以及应该增加哪些新的内容。

渐进模式的内涵概括为：管理者不必企图建立与评估所有的目标方案，只需着重于那些与现行目标有渐进性差异者即可；管理者只需考虑有限的目标方案，而非所有备选方案；管理者对每个方案只需论证几个可能产生的重要结果；管理者面临的问题一直在被重新界定，注意要求—手段与手段—结果的调适，使其过程的问题较易处理；高等教育管理的问题尚缺乏最好的解决方案，需要在目标实行过程中发现问题和逐渐解决问题；渐进模式具有补救性质，适应解决现实的与具体的问题，对目标趋势进行修正；渐进模式在于边际的比较，根据边际效果进行抉择，并不全面考虑每一项计划或每一个方案，所确立目标的优劣情况取决于管理者态度一致的程度。

与理性模式相比较，渐进模式较接近实际的管理情况，模式的构架较为精致完美。就管理者的个性特征而言，渐进模式也比较可行。渐进模式受到对现行目标成效的满意程度、问题性质改变的程度、现有可选方法中新方法的数量等条件的限制。如果现行目标的成效不能令人满意，则渐进模式就无法适用，现行目标仍有成效，是采用渐进模式的基础；如果问题的性质发生变化，那么渐进模式也无法适用，现有方法中，新方法数量多，则使用渐进模式的可能性就减少了。

渐进模式的应用，须具备下列条件：现有目标的成效，大体上能满足高等教育管理主客体双方的需要，从而使边际变迁在目标效果上能充分显示其新收获；管理者所面对的问题，在本质上必须是一致的，换言之，不同管理者对问题的看法基本是一致的；管理者有效处理问题的方法，须具有高度的共同性。以上条件，对渐进模式的效度（应用价值）具有决定性的影响。在高等教育改革和发展的形势下，新问题层出不穷，其管理上的渐进改变已难以适应实际需要，渐进模式的缺点也就开始凸显。

（三）管理目标确立的综合模式

综合模式是为了发扬理性模式和渐进模式之长，避二者之短而构造的一种控制模式。这种模式的主要要求是追求最优化。

广义上讲，凡是将两种或两种以上的模式混合使用，有机结合的模式都可以称为综合模式。但是，在当代高等教育目标的确立过程中，几乎所有的综合模式都包含理性成分。因此，广义上的模式都是理性与其他模式的结合。鉴于综合模式的多样性，在这里仅列举规范最佳模式和综合模式两种。

规范最佳模式吸收了理性模式的主要优点，此外，还把艺术的方法和规范科学的手段结合起来，如利用专家直觉、经验判断设计新的方案，进行各种可行性研究。在具体分析中，该模式还借用各种定性方法弥补诸多因素难以量化的不足。规范最佳模式主要有以下步骤：认清某些价值、目的和目标要求；探讨实现目的的目标方案，特别是创造新的方案；通过论证有限的备选方案的预期效果，并按优劣排序，获得事半功倍的发展方案或革新方案。管理者首先依据渐进模式检查现行目标及其执行情况，然后再利用各种目标分析的方法，与新目标进行比较并预测新方案的可能后果及期望值。另外，规范最佳模式还把调适目标确立的质量，调适目标确立系统本身，提高目标确立参与者的个人素质，建立必要的机制，进行必要的培训等认为是模式考虑的内容，将其包括到模式中来。规范最佳模式首先基于对现行目标的检查和论证，从而吸收了渐进模式的优点，它又吸收了理性模式的操作性方法，这就保证了方案的相对最优化。规范性的含义在于有一套目标确立的程序，还表现在它有系统的思考，即把一般意义上的控制与目标确立系统的改进联系在一起，这样规范化模式就包含了渐进模式和理性模式中的合理成分，成为更富有实用价值的模式之一。

综合模式一方面，应用理性模式，宏观审视一般的目标要素，分清主次，选取重点；另一方面，应用渐进模式探讨经过选择的重点，避免寻找所有可行的备选方案，也避免了对与目标无关的次要细节和次要方案的全面分析，不致耽于细枝末节，而忽视基本的目标要素。这就克服了理性模式和渐进模式的不足。综合模式在选定方案的审视方面，注重使用理性模式创造新方案，克服渐进模式的保守倾向。同时对重点问题、规格要求及主要的备选方案，则注意用渐进模式方法考察，注意与已有的目标进行比较，以拟订优化切合实际的具体方案，克服理性方法的不现实性。与规范最佳模式一样，综合模式也提供了一个搜集、分析、利用有限资料的特定程序和资源分配的策略标准。

与理性模式相比，综合模式缩减了考察范围，节约了大量时间、精力和资源；与渐进模式相比，它借助理性模式客观的方法对各种主要备选方案进行精细的调适，从而提高了方案的可靠性，又给创新方案提供了机会。因此，综合模式更具体可行。

五、高等教育管理目标的含义和规律

高等教育管理目标是指高等教育主体根据实现高等教育目的的要求，对各项高等教育管理活动中管理对象在一定时期内所要达到的预想结果做出的标准规定。高等教育管理目标，从根本讲，与高等教育的育人目的是完全统一的。随着高等教育改革的不断深入，高等教育与社会的经济、政治文化等各个方面的联系日益密切。相应地，也日益承担起更多的社会职能。它需要面对各种各样的社会期望，尽力满足多方面对知识和人才的需求，这就带来了高等教育管理目标的多样化。[5]

高等教育既具有外部规律，又具有其内部规律。外部规律是指高等教育必然受到社会诸因素的制约和必须为社会的政治、经济和文化等方面服务的规律。内部规律是指高等教育必须遵循人的认知、成长和发展规律以及人才培养规律。从外部规律和内部规律的划分方法出发，高等教育的管理目标，可以划分为外部目标和内部目标。外部目标是反映高等教育社会功能，即在经济发展和社会进步中所起作用的目标。内部目标则指反映高等教育活动状态的目标，如教育目的、要求、途径、质量、水平、条件保证等方面的目标。因而，外部目标可以说是功能性目标，内部目标则可以说是状态性目标。外部目标体现于高等教育主管部门对教育活动的决策和控制上，内部目标则体现于高等教育实施部门（高等学校）对自身价值的追求上。

第三节 新时期高校教育教学管理的原则

高等教育管理的基本原则应该是根据一般管理学的原理提出的，同时又特别适用于高等教育管理领域；它们必须全面、准确地反映高等教育管理活动的特点、本质与规律；它们在理论上是完备的，在实际工作中又是切实可行的，能覆盖整个高等教育管理活动领域，普遍有效地指导高等教育管理基本原则体系应该包括以下五个方面。

一、高等教育管理的方向性原则

管理是一种有目的的活动，管理工作必然有方向。管理成效的大小，首先决定于方向是否正确。任何管理都是为了实现一定的管理目标。管理目标是管理活动的前提，

---

5 梁园园.新时期高校教学管理创新思考[J].科技经济市场，2016（08）：142-144.

管理目标体现管理的方向。教育是培养人的社会活动，就其本质来说，教育必须与一定的社会政治、经济相适应，并为其服务。不论什么社会性质的高等教育，培养什么样的人都是一个根本问题，是高等教育目标的核心，它集中体现了高等教育管理的方向。

新时期党和国家的教育方针是：教育必须为社会主义现代化建设服务，与生产劳动相结合，使受教育者成为德、智、体、美、劳等全面发展的社会主义建设者和接班人。这一方针明确规定了我国高等教育政治方向和服务方向、教育目的和实现教育目的的基本途径。

（一）要坚持社会主义的政治方向

社会主义的高等教育管理，必须坚持社会主义的政治方向。教育是具有阶级性的，任何一种社会制度都要以它的意识形态教育和影响学生。高等教育管理必然受一定的生产关系和国家的政治经济制度的制约，有鲜明的阶级性。我国作为社会主义国家，要求高等教育以社会主义意识形态教育和影响学生，为社会主义建设培养具有坚定政治方向的建设者和接班人。要明确我国的高等教育是社会主义性质的，要为社会主义服务，坚持社会主义的政治方向。

（二）要坚持为社会主义经济建设服务

1985年通过的《中共中央关于教育体制改革的决定》指出，"教育必须为社会主义建设服务"。在社会主义现代化建设中，人们始终要以经济建设为中心，不能干扰这个中心。高等教育的根本任务是培养人才，高等教育为社会主义现代化建设服务，主要是通过培养社会主义经济建设需要的人才来实现的，这称之为高等教育的服务方向。高等教育要服务于经济建设这个中心，主动适应经济和社会发展的需要。

二、高等教育管理的高效性原则

任何管理活动，其基本目的都是提高组织系统的效率和效益。管理效率和效益的关系，是与管理目标联系在一起的。目标正确，效率越高，效益越好；管理效益的大小就是在消耗一定的人力、物力、财力和时间等资源的条件下，实现管理目标的程度。

高等教育管理的高效性原则是高等教育管理本质的直接体现和具体化。它要求以一定的高等教育资源投入，培养和提供更多的合格高级专门人才和高水平的研究成果。或者说，培养和提供一定数量的合格人才和研究成果，投入的高等教育资源要求最少。

高等教育所产生的效益是多方面的，它既能促进生产力的发展，又是巩固政治统治和建设精神文明不可或缺的手段，是社会得以延续和发展的重要条件。这些主要体现在提高劳动者素质和培养人才的数量和质量方面，同时，高等教育在发展科学技术文化方面的作用也是十分重要的。高等教育是需要大量投入的事业，而发展高等教育的资源又是有限的，它靠社会提供，既受社会经济发展水平的制约，也受社会政治制度、管理体制和人们教育观念的制约。因此，高等教育管理既要注重经济效益，即以较少的投入培养更多的人才，注意节省人力、物力和财力，更要注重精神效益、社会效益，即坚持办学的政治方向，全面提高高等教育的质量。

三、高等教育管理的整体性原则

高等教育管理整体性原则既决定于高等教育系统的整体性，又受制于培养高级专门人才的高等教育目的。高等教育管理的整体性原则可表述为，以培养人才为中心，科学地组织各方面工作的有效配合，并充分地考虑社会环境中诸因素的影响。

高等教育的根本任务是培养人才。培养人才不仅要组织好教学工作，还必须有思想教育工作、师资培养工作、科学研究工作、后勤管理工作等与之配合。除了培养人才的职能以外，高等学校还有开展科学研究的职能和直接为社会服务的职能。高等教育管理的目标和内容，不是单一的教育、教学活动的管理，而是包括教育、科学研究和直接为社会服务等活动的综合管理。不论是培养人才、开展科学研究和为社会服务，都与社会系统紧密相关，都必须与社会经济、政治、科学文化相适应，因此，必须把高等教育管理放在整个社会环境中考虑。

高等教育管理要以培养人才为中心，各方面活动的开展都要服从于培养人才这个首要任务。就政府对高等教育的宏观管理来说，首先要做好培养人才的决策和宏观控制，包括人才培养的预测规划、总体规模、发展速度、结构布局等，以及通过组织、计划、协调、立法、拨款、检查评估等手段，保证培养人才的数量和质量。就高等学校的管理来说，各部门的工作都要面向学生，教学和思想教育工作要遵循人才成长规律，科研、生产工作要与教学工作结合，后勤工作要为教学和科研服务，而不能各自为政，各行其是。

要处理好教学和科研的关系，使两者相互结合相互促进。教学是高等学校培养人才的主要方式和基本途径。但是，不能把教学工作仅仅理解为课堂讲授。教学活动既包括通过课堂讲授使学生学到间接知识，也包括指导学生获得直接知识和掌握学习方法。因此，教学是传授知识、发展智力、培养能力和形成良好思想品德的综合过程。科学研究是培养人才的重要途径，把科学研究引入教学过程是高等学校教学过程的一个重要特点，它能给学生创造全面发展智能的环境和条件。学生通过参加科学研究能够有目的地、主动地学习，完成研究任务所需要的理论知识，进行积极思维，在实践中发展各方面的能力，培养创新精神；还能培养学生养成严谨的治学态度、踏实的工作作风和团结合作的精神；能更好地促进师生之间教与学两方面的信息交流，使教师对学生了解得更深入更具体，有利于实行因材施教，更好地发挥学生的特长和主动性。开展科学研究还能够提高学校教师的学术水平，充实和更新教学内容，改进教学方法，使教学质量不断提高。因此，不应该把科学研究和教学对立起来，而应该使两者互相结合，互相促进。高等学校教学传授给学生的知识，是前人实践经验的系统总结。科学研究正是在已有知识的基础上探索和总结新的知识，进一步加深对客观世界规律性的认识。因此，从人们的认识活动来讲，只有开展科学研究，把生产实践和科学实验的成果总结成各种理论体系，使人们不断地获得新的知识和能力，才有可能进行各门学科和专业的教学。从这个意义来讲，科学研究是"源"，教学是"流"，科学研究总是走在教学的前面。在教学中给学生讲授的理论知识，并不需要也不应该要求教师都通过自己的研究实践进行总结和积累。但是，现代科学技术的发展日新月异，高等学校的教师如果不通过开展科学研究，及时了解和掌握本门学科和相关学科的最新动态和发展趋向，而仅停留于传授现成的书本知识，那就不可能提高等教育教学质量，培养出适应现代科学技术迅速发展和现代化建设需要的合格人才。

发展科学技术文化，也是高等学校的重要任务。随着现代科学技术日新月异的发展，高科技向现代生产力转化得越来越快，高新技术产业在整个经济中的比重不断提高，科技在经济发展中的作用越来越大。21世纪是高新技术迅速发展的世纪，我国改革开放和现代化建设进入承前启后、继往开来的关键时期，国家的经济建设和社会发展比以往任何时候都要更加倚重科技进步。在这种形势下，高等学校特别是重点大学的科学研究工作更应大大加强。

直接为社会服务也是现代高等学校的一项重要社会职能。高等学校的培养人才、开展科学研究、为社会服务这三项职能是互相联系、相辅相成的。开展各种形式的社会服务，有利于加强学习与社会的联系，加深对社会需求的了解，增强主动适应经济发展和社会发展需要的能力；有利于高等学校的教学更好地将理论联系实际，培养锻炼学生解决实际问题的能力，提高教学质量；有利于进一步发挥学校的潜力，充分调动教师职工的积极性和主动性，通过有偿服务，为学校筹集部分资金，以弥补办学经费不足的问题。衡量学校工作的根本标准是培养人才的质量和数量，绝不能只看经济收益的多少，搞短期行为，而不顾教学质量和学术水平。因此，一定要处理好培养人才与直接为社会服务的关系。必须统筹兼顾，加强管理，对收益进行合理分配，有利于调动各方面的积极性，特别是在教学第一线工作的教师的积极性。

四、高等教育管理的民主性原则

高等教育与社会发展相适应的规律决定了高等教育是开放的系统。高等教育发展的历史已经证明，追求科学与民主是高等教育的重大使命。追求科学，可保证高等学校教学、科研的生命活力；发扬民主则是追求科学的保障。高等教育管理的民主性原则主要是由高等教育管理封闭性和开放性相统一的规律所决定的。要办好既封闭又开放的高等学校，不发扬民主，不调动师生员工的积极性和创造性是不能想象的。因此，高等教育和高等学校进行重大决策时，都必须发扬民主。

高等教育管理的民主性原则可以表述为：依靠广大教职工和学生民主管理学校，动员社会力量参与高等教育管理。高等教育领域人才荟萃，学术思想活跃。高等教育管理工作必须注意充分体现学术自由的特点。高等学校的教学与科研，就其本质而言是学术活动，需要充分的思想自由，需要民主制度作保障。因此，对高等教育实行民主管理具有特殊的重要性。就管理对象的特点来说，在高等学校，教师和学生既是管理对象，又是管理主体。教师和学生的特点，都是从事学术性很强的教学、研究和学习，是精神生产，主要靠自己独立钻研和思考、探索。只有靠内在动力，也就是靠调动他们的积极性和主动性，才能完成管理目标。学校的培养目标、教学计划、教学大纲等，要靠教师去实施；教学内容和教学方法的改革，要靠教师自觉地去探索和实行。同时，也要激发学生的主动性并积极地配合，自主地学习。充分调动教师和学生的积极性，让教师和学生参与管理，这对于增强内聚力，增强对领导管理者的理解和信赖，对于及时改进管理措施，提高有效性，都有极大的好处。因此，高等学校要搞好管理，必须依靠教师发挥能动作用，同时，一切与学生的学习和生活有关的决策，还要注意听取学生的意见。

就高等学校工作的复杂性来说，在高等学校一般都设有许多专业和课程，有教学、科学研究、生产、思想教育、后勤以及校内校外关系等各方面的工作，有众多的人员，具有极大的复杂性。管理好一所大学，需要很多学问。任何一所大学甚至一个系的领导都不可能完全懂得所设的各专业、各门课程和各方面的工作。从这个意义上来说，必须依靠调动广大教师职工的积极性，集思广益，共同管理，才有可能把学校办好。有关教学、科学研究、学科建设的重大决策，一定要注意听取和尊重教师特别是教授们的意见。教授在他们所从事的专业、学科领域里是专家，注意听取他们的意见，有助于保证有关决策的正确性；由于教授们在学术上的权威性，在师生中有较大影响，他们参与决策，更能够得到师生员工的拥护和信赖，有利于决策的实施；教授们的言行对学生有潜移默化的影响，让教授积极参与学校的民主管理，有利于培养学生的社会责任感。

就政府对高等教育的管理来说，由于高等教育有学术性强、专业学科门类多的特点，要充分尊重专家学者的意见。因此，要给高等学校学术自由和必要的办学自主权，避免过多的行政干预。高等学校还有多样化的特点，这是因为社会对高等教育的需求是多样化的，不同地区、不同条件和历史背景的学校是多样的，这要求政府不仅处理好中央集权和地方分权的关系，而且使高等学校有办学自主权，以利于学校办出自己的特色，适应社会的不同需求。政府的作用是进行宏观控制和协调，为学校创造良好的环境和条件，通过财政的、政策的导向和法规的约束，引导学校主动地发展。民主性原则要求在高等教育管理中制定决策民主化、执行决策民主化和评定决策执行结果民主化。

高等教育管理中,决策工作要充分发扬民主精神,这种民主精神体现在,让被管理者民主地参与决策过程,这样可以集思广益,提高决策的科学性,使之更切合实际。在西方,民主管理学校是通过董事会、教授会、评议会或师生代表会等形式,参与制定学校一系列规章制度,参与决策。管理者要随时了解和掌握决策的执行情况,在此基础上调整和改进决策的执行方案和方法。在这一过程中,不论是了解执行情况还是调整、改进执行的方案和方法,都离不开民主的作风。管理者应该秉公办事,在处理公务时不应谋取私利,要尊重下属,虚心向他们求教,及时地对方案和方法的执行情况进行调整和改进。决策执行结果的评定,不仅关系到对本决策的制定者和执行者工作的评价,而且关系到下一个决策的制定和执行。评定工作要贯彻民主原则,有利于激发和强化决策者和执行者的工作热情,有利于发挥和发展他们的创造性,最终有利于高等教育管理效益的提高。

五、高等教育管理的动态性原则

任何事物都是处于不断变革之中的。管理过程是一个不断发展变化的动态过程。管理对象内部诸要素是不断发展变化的,它们之间的关系也在不断发展变化着,管理系统的外部环境也是变化、发展的。因此,管理过程的实质,就是根据管理对象和条件的变化、发展,对其相互关系做出相应的调整,以实现整体目标。

我国正处于经济转型期,相应地,引起社会生活各个方面的变化,随之需要改革高等教育,使之适应并促进社会经济、文化、科技等体制改革的要求。高等教育作为一种社会技术系统,与外部环境处于动态的相互作用之中。开放系统的一个特点是能够变化其内部子系统,以便对各种环境中的偶然事件做出反应。管理活动与管理对象、管理环境之间有着本质的、必然的联系。高等教育管理过程中要完成的任务、组织的结构、用来完成任务的技术和参与的人员都处于动态之中。一方面,高等教育活动必须按照管理的基本原理和原则进行,保持管理的相对稳定和应有的秩序;另一方面,高等教育管理的对象、内容、方式、手段都在变化之中,要求运用高等教育管理原则时有灵活性。

高等教育管理的动态性非常明显。随着现代科学技术的发展,社会对高等教育的需求在不断变化,社会给高等教育提出的条件也在不断地变化。高等教育要为社会服务,必须主动提高适应经济和社会发展需要的能力。这就要求高等教育不断改革、创新。高等教育体制改革的目标,就是逐步建立使学校具有主动适应国民经济和社会发展需要的有效机制。就高等学校本身来说,学生每年有进有出,教师队伍也需要适时补充和调整，教学和科研的设备也在不断地更新。经济体制改革、政治体制改革和科技体制改革的深化，对高等学校不断提出新要求。

因此，高等教育管理的动态性原则可表述为，通过不断的改革以主动适应经济和社会发展的需要。动态性原则要求人们做到以下几点：第一，以发展的战略眼光看问题，认识到任何事物都不是静止不变的。只有改革才能促进教育发展，教育要发展则必须不断地改革。第二，处理好变革与稳定的关系。在变革不适应部分的同时，要继承高等教育合理的内核。既不能墨守成规、抱残守缺，坚持既成的体制和维持现状，也不能全盘否定以往的经验。另外，要注意不能朝令夕改，尤其在高等教育改革方面要持慎重的态度。

高等教育管理的动态性，从根本上讲，是由高等教育必须与社会的政治、经济、科技、文化的要求相适应这一基本规律决定的。由于社会是不断发展的，高等教育也必须随着社会的政治、经济、科技的发展不断地改革，以适应社会发展的需要。高等教育管理对象和外部条件的这些变化，管理工作中不断出现的新情况，需要不断地总结新经验，解决新问题。

以上五条原则是高等教育管理的基本原则，是普遍适用的。方向性原则反映了我国高等教育管理的性质，从根本上确立了社会主义高等教育发展的大方向，规范了高等教育的培养目标；高效性原则指出了管理工作的本质特点和根本要求；整体性原则反映了管理工作的基本要求；民主性原则贯穿高等教育管理活动始终，为高等教育管理活动顺利进行提供了良好的氛围，保证管理工作有重要的动力；动态性原则指出完善管理工作的根本途径。它们相互制约、相互促进，共同指导高等教育管理的全部活动，构成了一个完整的原则体系。在实际工作中，贯彻这些原则是紧密联系、相辅相成的。[6]

6　祖彬，陈琬莹. 新时期高校教育教学管理存在的问题及优化对策[J]. 长江丛刊，2018（35）：239-240.

第三章 新时期高校教育教学管理的体制

第一节 高等教育管理体制概述

一、高等教育管理体制的含义

（一）高等教育管理体制的概念

高等教育管理体制是高等教育在管理机构设置、领导隶属关系和管理权限划分等方面的体系、制度、方法、形式等的总称。它属于上层建筑的范畴，它与一定的社会制度密切相关，它既是一定的历史时期生产力水平的反映，又与一定的生产关系发展相联系，是我国整个国家管理体制的重要方面。它随着高等教育的出现而产生，随着高等教育事业的发展而发展变化。高等教育的管理体制，就其组织体系的结构来说，主要分为三层，高层管理、中层管理和基层管理，现在通常把高等教育管理体制中的前两层称为高等教育的宏观管理，第三层称为高等教育的微观管理，即高等学校的内部管理。因此，高等教育的管理体制包括高等教育宏观管理体制和高等学校的内部管理体制。

高等教育体制结构是国家政体结构的组成部分，主要受国家政治制度、国家政体形式、生产资料所有制形式以及民族文化传统的制约。不同的国家，高等教育体制结构的表现形式不同，通常人们把当前世界各国高等教育的体制结构划分为三种模式。

1. 集权型高等教育体制结构

这是一种高等教育完全由国家举办，高等教育系统的决策权高度集中于系统最高层中央政府，由中央政府通过一定的计划、法律、命令、拨款、监督和行政手段直接调节高等教育系统的管理体制。

2. 分权型高等教育体制结构

这种体制结构是指高等教育系统的决策权力不集中在中央政府，而是由地方政府或利益集团独立行使高等教育决策权的一种管理体制。

3.混合型高等教育体制结构

这是由中央政府和地方政府共同承担发展高等教育的责任,双方均享有高等教育的决策权,共同管理高等教育的体制结构。

(二)高等教育管理体制的形式

1.高等教育领导体制

高等教育领导体制是指高等教育领导机构及与之相适应的行为规范的统一体,其核心是高等教育领导权力的基本配置方式。它包括高等教育行政领导体制和高等学校内部领导体制两个相互关联的部分。其中,高等教育行政领导体制是核心,是方向,它主要解决国家党政对高等教育实施领导权力分割和基本运作方式问题,即处理党和政府与高等教育实施机构(主要是高等学校)三者之间的关系问题。高等学校内部领导体制是基础,它主要解决高等教育实施机构内部的党政之间、学术与行政之间的权力分割和基本运作方式问题,即处理高等学校党政与学术权力之间的关系问题。在市场经济体制下,政府、社会、学校在高等教育运行中各自是相对独立的利益主体,并以此为依据,做出相应的职责、权益划分。高等教育领导体制的建立,既要加强中央政府对高等教育的领导和政府对高等教育的分级管理,又要保证高等学校有充分的办学自主权和随着社会经济、政治的变化与发展不断做出主动调整的能力。政府对高等教育的领导与管理应通过立法、经费调配等手段进行间接控制,而不宜过多地采用行政手段进行直接控制,使高等学校对复杂多变的市场经济可以做出迅速、灵活、准确的反应,培养社会所需各种高层次专门人才。

2.高等教育投资体制

社会主义市场经济体制以公有制为主体,多种经济成分并存的特点,要求高等教育的投资体制也做出相应的改变。从办学主体看,高等教育已从单纯的国家包办向国家、社会和个人多种主体办学并存的方向发展。高等学校应成为独立的实体,在经费收支等方面享有一定的自主权。从投资渠道看,国家各级政府财政拨款、收取学费、科研创收、社会服务报酬、校办产业收入、企业和个人投资以及海内外捐资等形式并存,将成为未来我国高等教育投资的基本形式。

3.高等教育教学体制

在高等学校的教育、教学活动中,与市场经济体制关系最为密切的是高等学校的专业与课程设置,以及与此相应的一系列体制。在计划经济体制下,统一的专业课程设置不利于高等学校为市场需求培养多种规格和类型的人才。社会主义市场经济体制的逐步确立,要求高等学校的教育、教学体制向着国家和各级政府宏观调控、学校自主办学、社会积极参与、学生适当自由选择相结合的方向发展,并最终形成高等学校自主适应市场的教育、教学机制。

4.高等教育招生、就业体制

在计划经济条件下统一招生、分配的体制已越来越不适应社会主义市场经济的要求。建立和健全高等教育招生和毕业生就业的新机制，扩大高等学校这方面的自主权，实行国家统筹规划、地方因地制宜、学校自主灵活、个人自由选择相结合的新的招生、就业体制，有效地实现人才资源的合理配置和流动，将是改革的大方向。政府在这方面的职责，将从下达指令性指标向用经济杠杆和有关政策进行宏观调控和引导的方向转变。

5.高等学校内部管理体制

社会主义市场经济体制对高等学校内部管理体制的要求是建立一套高效的内部管理体制，提高办学效益和工作效率。市场经济的竞争性，要求高等学校打破计划经济体制下平均主义、吃大锅饭的状况，充分发挥各个部门和每个人的作用，合理配置和利用各种资源，建立起优胜劣汰、在利益分配上兼顾学校整体利益、部门利益和个人利益的高等学校内部运行机制，保证高等学校在健康、高效发展的轨道上履行其为国民经济建设和社会发展服务的职能。

二、高等教育管理体制的功能

（一）高等教育管理体制的主要功能

高等教育管理体制的主要功能有以下四个方面：①通过规划与立法协调、指导高等教育发展，使之与社会政治、经济、科技、文化发展相适应，并确保高等教育在整个社会系统中的应有地位；②通过经费筹措及拨款，解决高等学校办学经费的后顾之忧并体现政府对高等教育发展的导向作用；③通过评估与监督保证高等学校的办学方向、办学水平、办学质量；④通过协调与指导保证高等教育系统内部各个子系统之间的相互配合、协调发展。

（二）科学设置高等教育管理体制的原则

为了使高等教育管理体制进入高效和优化的状态，管理体制的科学设置非常关键。一般应遵循下列原则。

1.兼收并蓄的原则

我国现行的高等教育管理机构是根据我国历史，特别是近现代高等教育发展的需要，对管理机构不断充实调整提高的产物。同时，注意汲取苏联、欧洲诸国及美国、加拿大等国的经验与教训，形成具有中国特色的高等教育管理机构体系。

2.分工明确又互相协调的原则

分工明确有两层含义，一是指各级管理机构职责分明，二是指同级管理机构内，各部门之间分工明确。同时上下级之间，各部门之间必须很好地协调和配合，分工不分家。

3. 宏观控制与微观搞活相结合的原则

管理层次和控制幅度必须清楚。各级管理机构和各管理部门必须职责明确,上级管理机构对下级究竟管到哪一层,控制多大的幅度,各部门究竟需控制多大的幅度,都须明确。明确管理层次和控制幅度是处理好宏观控制和微观搞活的重要前提,也是机构设置的理论依据。

4. 民主与科学相统一的原则

当高等教育发展较快时,往往会因需设立一些管理部门,但是,按照高等教育发展的科学规律和理论,运用科学管理手段,就发现有些机构的职能是交叉重复的,应纳入科学的轨道,调整、合并一些机构。

5. 精简机构、提高效益原则

要真正做到高效和最佳管理状态,避免重复设置机构,力戒因人设置机构。同时,一个机构各部门也不宜重复设置,一个部门中的各岗位也不宜重复设置,只有这样,机构才能真正做到精简,从而才谈得上提高效益。

三、高等教育管理体制的制约因素

高等教育管理体制要与国家的经济体制、政治体制、科技体制相适应,这是由高等教育的外部关系规律所决定的。高等教育受社会制约,并为一定社会的经济、政治、文化发展服务。高等教育的性质与特点,决定了它与经济、政治、文化以及科技的关系比基础教育更加直接,更为密切。在与经济、政治、文化以及科技的关系中,经济是基础,经济基础决定上层建筑。

经济体制作为生产关系的具体实现形式,特别是计划和市场作为配置资源的不同手段或方式,其本身虽没有社会制度的属性,但它又总是同社会基本制度结合在一起的。社会主义市场经济体制是同社会主义基本制度结合在一起的。因此,它必然要对作为社会上层建筑一部分的教育体制起决定性的作用,要求高等教育体制做出相适应的变革。

(一)高等教育管理体制在很大程度上受经济体制制约

高等教育与社会经济有十分密切的关系,社会经济为高等教育提供办学资源,高等教育培养的专门人才和研究的科技成果的相当一部分要为经济发展服务。因此,经济体制必然对高等教育管理体制起决定性的作用。现在,我国实行社会主义市场经济体制,高等教育的办学资源及其所培养的专门人才和研究的科技成果,不可能不受对资源配置起基础作用的市场的影响。

（二）政治体制对高等教育管理体制也有重要的决定作用

高等教育是一种观念形态的文化，一定的文化是一定社会的政治和经济的反映。经济是基础，政治则是经济集中的表现。邓小平同志说过，政治体制改革同经济体制改革应该相互依赖，相互配合。只搞经济体制改革，不搞政治体制改革，经济体制改革也行不通，所有的改革最终能不能成功，还是决定于政治体制的改革。[7]

1. 高等教育管理体制改革更要依赖于政治体制改革

过去，高等教育的管理体制，固然是与高度集中的计划经济体制相适应的，但直接决定于高度集权的政治体制。

2. 高校应成为具有法人地位的实体

国家机关进行行政体制改革，实行政事分开，也是政治体制改革的重要内容。不进行政治体制改革，高等教育管理体制改革中扩大高等学校办学自主权，真正使高等学校成为具有法人地位的办学实体，以及简政放权，处理好在高等教育管理上中央集权和地方分权的关系等，都不可能解决。

3. 国外高校的地方分权制和中央集权制

西方发达国家是市场经济国家，但高等教育管理体制却有很大的差别。例如，美国实行地方分权制，高等学校都由州政府管理，联邦政府不直接管理高等学校，学校也有比较大的办学自主权。而法国的高等教育管理体制却实行中央集权制，并不与美国相同，其差别主要取决于政治体制。可见，一个国家的政治体制对其教育体制起着非常重要的决定作用。政治是经济的集中表现，最根本的原因还在于经济。但经济体制并不能直接决定至少不完全决定教育体制，还必须通过政治体制的中介作用。

（三）科技体制对高等教育体制有重大影响

高等学校特别是重点高等学校，承担着大量科学研究任务，是科学研究的重要方面军。在科技体制改革中，中央的方针、科技拨款制度的改革、技术市场和信息市场的建立，以及在科技管理中引进竞争机制，实行科研任务公开招标、择优选择承担单位制度的实施，都会对高等学校产生重要的影响。

如上述，高等教育管理体制受经济体制、政治体制和科技体制的影响和制约，所以高等教育管理体制必须与国家的经济、政治和科技体制相适应。另外，高等教育管理体制还受其文化传统的深刻影响。高等教育具有多种社会功能。不仅要适应社会当前的需要，更要考虑国家的长远和整体的需要，特别是培养人的社会活动，要促进人的身心全面发展，有其自身的规律。因此，高等教育管理体制必须与高等教育发展自身的规律相适应。

---

7 李梦楠. 高等教育管理体制与教学研究 [M]. 长春：吉林大学出版社，2020.

第二节 我国高等教育管理体制的现状及问题

一、高校组织结构的调整

高校是一个相对独立,且具有自身运行规律的社会组织。在我国高校内部组织的二维结构——高校行政管理组织结构和高校学科组织结构中,处于核心和主体地位的学科组织机构,是我国高等学校组织结构内部改革的重中之重。

(一)我国高校内部学科组织结构的调整

就组织特性而言,目前我国高校是建立在以学科为基础的学术组织结构,应该通过激活学术的细胞、提高学术生产力、增强学科发展的活力建立和变革我国高等学校的组织结构。随着高等教育内涵与功能的不断拓宽以及高校规模的扩大,高校的学科分化、高校内部的组织结构更是日趋复杂化。

纵观我国高校的发展历史,高校内部的学科组织机构始终遵循的是校—院(系)—教研室的单一化纵向管理模式。改革开放以后,特别是最近十几年,随着我国的高等学校内部的管理体制的改革,高校内部学科组织结构由于规模的不断扩大和学科的逐步分化,已被分成多种模式,大致形成了以"校—院—系"为主要结构的五种代表模式:①校(学院)—系—教研室;②校—学院—学系;③校—学院—系、所;④校—学院—学科;⑤校—学院—学系与校—学系、所、部、中心并存的模式。

改革开放前,我国高校的内部管理体制是在仿效学习苏联高校办学的基础上发展起来,长期以来沿用的是计划经济体制下所形成的"三级管理体制"。即校、系、教研室三级管理。

1. 三级管理的弊端

我国高校长期实行的校、系、教研室三级管理,在系下面建立教研室或在研究所下设研究室,作为基层的教学、科研和行政单位的组织实施都是围绕本科生教育开展教学活动。在行政职能上,基层教研室过多强调教研室或系的独立性、完整性而导致各自为政现象比较突出。在校、系、专业教研室的管理体制下,高校的教学科研力量薄弱,教育资源的配置不够合理,不利于高校的自我约束、自我发展、自主办学机制的形成,也不利于造就复合型人才。同时限制了学科专业的跳跃发展,导致二级院系办学没有活力,办学的积极性受到了限制,进而影响高校整体办学水平、办学效益的提高。

高校学术管理的重点在基层,如果基层组织缺乏学术活力,过分强调行政权力,忽视学术权力在高校内部占主导地位，则必然制约了学科水平的提高。

2. 组织创新再造

西方一些发达的国家，高校的内部管理同时存在着欧洲的研究所体制和讲座制、美国的学系制与系科制，他们的共同特点是以环境的变化、社会的发展为依据，对高等学校进行组织上的创新和变革，并且保证基础学术组织的发展，教授们享受学术上民主与自治的权利。

近些年来，我国的高校借鉴了公司企业的"业务流程再造"的思想，将高校内部学科组织结构向"扁平化"的组织结构、灵活化的方向进行转变。权变组织理论提出，世界上不存在万能的组织结构模式适用所有的组织结构，组织结构只有适应组织内部与外部环境，才可以使组织高效地运转。因此，组织创新和变革不可以仅依靠传统的模式，而是应建立在对组织结构特殊的内部环境和外部环境进行辨识的基础之上。

高校学术上的组织结构与创新，照搬或模仿是不可行的，应该根据组织的内部环境及外部环境的特点设计组织结构，充分发挥高等学校的自主权利，同时，国家要加大对高等学校分类指导的力度。我国的教学科研型大学及研究型大学应依据自身的组织目标和规范，依照组织的矩阵式和事业部的形态，打破"系所为一"的局面，在现行的"校—院—系"管理模式基础上，组建并调整一批研究机构，修整以本科教学为重点的学术组织结构，从而高效地开展高水平的研究工作，壮大并促进新学科的兴起，激发高等学校的学术研究活力，从而真正实现以学科为重，以学术为基本的组织结构。

3. 学院制的类型

从管理层次上看，20世纪90年代以前我国高校是校、院、系三级管理和校、系两级管理并存。但是，从90年代末到21世纪初，为了与国际接轨，同时也是高校自我优化结构、强化功能的现实选择，学院制成为我国高校院系管理模式的主流。目前高校学院的组建类型大体有以下几种：①由系升格为学院（系级院）；②以学科群组建学院（学科性）；③按照产业或行业设置产业学院；④高校与地方政府或企事业联合共建学院。其中，由系升格的学院，这种模式可称为校园二级管理模式或称为校院系三级建制二级管理模式。

在我国研究型综合大学中，根据一级学科建学院的高校不在少数。实行学院制是优化校内资源配置的需要，由于学院建制比系级建制大，使学院可以对人、财、物等进行综合调配，能充分利用各种资源，适应了现代大学科学管理的需要。

4. 学科组织结构

综上所述，改革高校的管理模式，尤其是高校组织结构模式，已成为必然趋势。大学的重要组成部分学科，也是有别于其他组织机构的高等教育的组织机构。学科是我国高校教学、科研和社会服务工作的基本组织单元，学科水平的高低是反映高校核心竞争力的集中体现。学科建设，特别是学科组织结构的设置，是影响我国高校办学水平及发展的关键因素。

（二）我国高校内部行政组织结构的调整

我国原有的高校行政管理机构的改革一般都是从精简机构入手，其着眼点只是从数量上减少机构，而在层次减少方面，未有实质性的改变，办事程序依然是由科级—处级—校级层层审批。

20世纪80年代中期，高校内部开始了行政组织结构的新一轮改革，改革中学校给了中层职能部门较多的自主权，特别在劳动分配方面，各单位经济上相对独立，转变部处职能，学校由过程管理转变为目标管理，增强了活力；20世纪90年代中期，由于高校合并，扩招等原因，我国高校的规模扩大使党政机构及管理人员大幅度增加，高校除了传统的教学科研外，还创办了颇具规模的校办产业，这使得高校的行政组织结构更为复杂。高校党政管理系统在此时迅速膨胀，内部机构臃肿，各部门职责不清，办事效率低下，由于这些原因的出现，这一时期各高校都进行了以机构编制改革为主的组织机构改革。

二、高校办学自主权的探索

我国高等教育体制改革的关键是高校办学体制的改革，而办学体制改革的核心是落实和扩大高校的办学自主权，使高校真正成为面向社会自主办学的法人实体。

（一）高校的自主办学体制的建立

1979年复旦大学校长苏步青等人发表在《人民日报》上的一篇文章《给高等学校一点自主权》，引起并推动了我国高校管理体制关于高校自主办学的探索。1985年《中共中央关于教育体制改革的决定》正式提出了"扩大高校办学自主权"，标志着高校办学自主权得到了国家政策的认可。最初提出的高校自主权政策并没有触及高校的法律制度，其内涵主要是改变政府对高校统得过多的管理体制，在国家统一指导下，加强高校与生产、科研和社会其他方面的联系，使高校具有适应经济和社会发展需要的积极性和能力。

随着我国改革开放的不断深入，高校办学自主权在1993年国务院颁发的《中国教育改革和发展纲要》得到了进一步的明确。在这个文件中把扩大高校的办学自主权和学校面向社会办学放到了我国高等教育体制改革的核心位置，这是管理理念的一次突破。

（二）通过立法明确高校自主办学的权利和义务

1994年，在全国第二次教育会议上提出要使高校真正成为面向社会自主办学的法人实体。1995年，我国《教育法》正式颁布，其中第三十一条明确提出高校"自批准设立之日起即取得法人资格，高等学院的校长为高等学校的法定代表人。高等学校在民事活动中依法享有民事权利，承担民事责任"。

目前，《教育法》具体明确了我国高校的7项办学自主权，即招生权、学生和专业设置与调整权、教学权、科研与社会服务权、开展对外科技文化交流与合作权、人事权、财产的管理使用权等。其中，在制订招生方案、调整系科招生比例方面拥有了部分自主权；在调整学科、专业设置方面，具备了部分决策权等。

自第一次提出"要给高校一点自主权"到政府明确提出转变高等教育管理体制，把高校办学自主权进行"下放"或者"归还"于高校，再到以法律的形式予以规范、完善，我国高校办学自主权的探索经历了多年的历程。在政治、经济体制改革的推动下，取得很大的成效。

三、高校教师人事制度的改革

从某种意义上讲，高校办学水平与教育质量的高低，主要取决于人力资源管理制度及其运行的效果。改革开放以来，我国高校的改革重点一直是改革人事制度、优化人力资源的配置、提高人力资源的利用效率和质量。高校经过了多年教育体制改革，在劳动制度、用人制度和分配制度为核心的高校人事制度改革上取得了成效。梳理改革开放后高校教师职称制度、用人制度、分配制度这三种人事制度重大改革的历史变迁，用以说明我国高校教师人事制度的变革的历史进程。

我国高校人事制度变迁是由政府主导的，是自上而下的强制性变迁。高校人事制度的变迁过程完全融入国家对高等教育的强制性改造中。在强制性变迁过程中，政府不仅是制度唯一的供给者，而且也是制度的主要需求者。整个高校人事制度变迁和改革的过程都以政治的行政意志为主导，这种强制性变迁集中体现在两个方面。

（一）自上而下的理性建构

国家和行政管理部门是改革的权力主体，对制度的制定、颁布都由国家来统一执行。其中，高校最突出的就是院系的调整，通过对院系的改革调整，使原有的人事制度被打破。

（二）新制度形式的统一仿效

我国高校通过向国外现代大学学习高等教育人事制度的学习，将高校强制纳入统一计划管理体系，确立党对高校和教师的绝对领导。今后，将要进一步加大高校教师在职称制度、用人制度、分配制度等方面的自主权，促进各高校从我国发展的角度出发，科学合理地设置教师岗位、优化教师资源、提高教师教育质量。同时，要建立健全我国高校教师职业准入制度，形成严格的教师选拔机制和程序，将高校同行评议的机制引入教师聘任制度中。形成全新的我国教师聘任管理模式，科学、公正地考核教师的绩效，建立教师职业发展制度促进教师的职业发展。

四、高校后勤制度的改革

后勤服务是高校办学的重要辅助活动，与教学、科研等功能活动和行政管理等构成了高校有效运行机制的必不可少的重要组成部分。改革开放以来，我国高校后勤制度的改革历程实际上就是制度变迁的过程。多年来，在高校后勤制度改革进程中，在探讨后勤制度变迁方面，我国学者普遍认为，后勤制度变迁是诱致性的制度变迁过程，本书却认为后勤改革的变迁实际还是一个强制性的制度变迁过程。

从高校后勤制度变迁的主体看，是后勤职工，但是，改革始终是在后勤主管部门的领导及指导下进行的。后勤制度的变迁离不开主管部门的强制性推动，后勤社会化的改革实际上是后勤职工追求"外部利益利润最大化"的诱致性的制度变迁，但其表现形式却是一种推动性的强制性变迁。因此，高校后勤主管部门的推动仍然对改革起着关键性作用。

第三节 国外教育管理体制的改革方向

一、日本高等教育体制的现状与改革

（一）日本高等教育体制的现状

步入 21 世纪后，由于日本高校的扩招导致了入学率的持续上升，社会经济国际化的巨大影响，使日本高等教育改革问题引起更广泛的关注和批判，由于扩招，高校入学门槛降低，招人质量下滑，大学生已不再是社会英才。与此对应，高校及高校工作人员社会价值与社会地位也相应下滑，学生学习积极性不高，教师积极授课的热情骤减，不注重改进教学方式。高校行政机构因扩招所带来的利益而忽视学校内部管理等，这些都导致高校管理制度的放松，使日本高等教育停滞不前。

总的来说，影响日本大学改革的因素主要有以下几个原因：第一，入学率的提高以及学生的多样化，导致日本高校学生及教师积极性不高，造成了高等院校的管理效率降低。第二，为了使学术研究的专业化和跨领域化，使学科专业能够适应快速发展的日本经济，面临的挑战更大且更紧迫。第三，日本生产高附加值产品的中小企业日益占据重要地位，这种中小企业对知识人才不但要求专业知识技能的创新能力，还要具有开拓的精神。

（二）日本高等教育体制的改革

1. 建立第三方评价系统，不断促进高校个性化的发展

高校系统外部应该建立第三方评价系统，这种系统独立于高校组织外部，客观地对高校进行评价管理。这种评价组织应该在对大学进行透明度比较高的评价的同时，对评价的有效性进行调查研究，及时向各个大学反馈评价的结果，促进大学教育研究活动的个性化和质量的提高。在这种评价模式下，行政机关可以根据资源情况进行公平效率的分配。

2. 建立大学法人制度，保证大学办学自主权的确认

20世纪末，日本临时教育审议会曾先后提出多个报告，再三强调必须在大学自治机构和经营管理上确立自主、自律和公共精神的体制。高校内部的工作安排、人员招聘、课程专业设置、经费投入都由高校内部自主管理，而政府应充分赋予高校这些权力。日本政府制定了《国立大学法人法》，颁布了改革方案，国立大学依据这一法律从原来国家行政组织的序列中独立出来，成为具有独立法人资格的实体，具有自主经营运作的权利。政府对高校下拨的经费，高校有自主使用权，不再接受政府审批。

3. 促进大学与社会间的联系

由大学和企业共同成立学科知识专业的研究机构。这些组织机构设立在高校内部，高校与企业签订合同，共同管理，企业和大学研究人员共同开展研究。

为促进大学研究成果专业化和社会化，院校行政组织与政府设立了技术授权组织，这个组织处于大学、企业和专利部门三方之间，作为实体具体负责大学研究成果的转化和社会需求的介绍。通过大学和企业的合作，改进成人教育。在《国立大学法人法》中，还明确规定，大学要引进社会专业人士和专家担任董事，参加学校的管理，并参与校长考核委员会，通过新的人事制度改革，强化产学结合，加快研究成果进入社会。这些措施为大学与社会的联系提供了制度保障。

4. 倡导高校进行经营管理

20世纪以来，日本政府处于转型时期，政府对高等教育事业的管理手段也进行了重要变革。在经过一系列改革试验的基础上，新通过的法案对一系列问题进行了明确的规定：大学要引进新公共管理方式，建立董事委员会管理制度，改变原有国立大学教职工的国家公务员资格，进行人事管理体制创新，包括实行工薪与能力业绩挂钩、允许教师兼职、赋予校长全面的人事管理权等。

总的来说，日本大学制度改革是以改变长期以来国家严格控制和干预大学自主权为主线的，其实质就是将高校举办权和办学权分离，并同市场发展与社会需求结合，以更好地发挥大学在知识经济时代的作用。

二、美国高等教育制度的现状与特点

(一) 美国高等教育制度的现状

美国高等院校的办学体制分为公立与私立两种,联邦政府不设立教育部,不直接管理大学。联邦对教育的职责在于促进教育的发展和普及,并给予一定的拨款。大学内部拥有较大的自主权,学校自主办学,政府不干预,这对于提高办学效率与质量是非常有利的。美国高校的经费来源,公立大学一般靠政府拨款、社会捐助等渠道筹措,社会对学校的捐助主要体现在对学校科研成果转化后的回报。而私立大学则完全自主经营,自负盈亏。美国突出人人享受高等教育的权利,在办学与管理中很大程度上适应学校与社会的一致的需求。学校多层次办学,灵活多样以满足各种形式的学习。学校注重教学手段和方法,积极引导学生社会实践能力。对教师实行聘任制,建立高素质的教师队伍。21世纪以来,美国的科学技术得到最大限度的发展,社会文化高度文明的原因是高等教育的科学发展。20世纪末,美国加速高等教育管理体制改革,目的是维持全球科技与人才在全球的主导地位。

(二) 美国高等教育制度的特点

1.具备较为清晰的教育产权

(1) 完备的自治权

为了对美国高等教育进行力度较大的改革,美国教育界在制定高等教育发展政策时,将高校自身的发展与市场经济更加密切地结合起来。从教育改革的结果看,美国的大学比过去有了更大的办学自主性、更强的适应性和面向世界的开放性。公立高校可以自主分配教育人力资金和物质资金到需要的部门与教育科研工作中,私立大学更加有权自行分配和使用教育经费。

(2) 多元办学主体制度

美国对各类机构举办大学没有过多限制,大学审批权在州议会。一般来说,举办者如果能够审核通过都可以建立高校,这种制度使美国大学举办形式多样化。

(3) 举办权与办学权相分离的制度

美国高等院校的举办权和办学权是相互分离的。举办者不直接介入大学事务,而是通过中间机构董事会来承担具体办学任务。公立学校由董事会负责,董事会由州议会任命,与政府没有隶属关系。

2.具有高适应的内部管理制度

(1) 董事会制度具有双重作用

美国高等院校的法人代表是董事会,董事会决策权在高校管理活动中发挥着双重作用。通过董事会由多方面校外人士组成的特点,使大学与社会有机地联系起来;作为一个既与政府和社会有联系又相对独立的董事会机构，在大学卷入社会政治浪潮之间起到缓冲作用。

（2）强有力的中层管理

所谓中层管理，主要是"系"的管理机构。美国高校中，作为上层决策到基层运作的桥梁，学校内部的学术问题以及管理决策都是通过系传达到基层。中层管理人员是由学校高层行政组织机构直接任命，并向学院负责。

强有力的中层力量，能够将学校行政部门与基层组织联系一起进行有效沟通与协调，并且能够自觉维护本部门发展利益。这就是美国高等教育事业能够应对科学社会发展需求的原因；内部管理的民主化。大学设立教授评议会、学术委员会等，学校的种种事务通过不同的委员会进行决策和监督。这些委员会具有较强的教师参与性，教师通过参加这些委员会的工作，参与对学校的管理。

（3）高等教育与社会生产结合

高校的功能一定程度上可概括为：教学、科研与推广创新。美国的高等教育在市场经济的大环境下，经过多年的实践与完善，取得了很大的成功。

美国高等教育与社会办学模式主要有：高校与社会企业合作创建创业园或科技园，成立综合性的大学与企业合作研究中心，高校与企业建立长期的合作伙伴关系等。

另外，许多教授直接与企业签订协议获得科研经费，再利用研究生这个科研生力军的力量，及时地完成研究项目，服务于社会；不少教授还在公司和企业兼任咨询顾问，这些企业和公司的技术主要基于教授们的研究成果，从而把科研与生产有机地结合起来。

三、国外高等教育改革的经验借鉴

（一）赋予高等学校充分自主权

目前，我们的高等教育没有完全摆脱计划经济思想的束缚，没有很好地按照市场经济的规律办事，高等教育领域的多样化、市场化程度远不如经济领域，高校还没有真正的办学自主权。

高校作为高等教育市场的主体，应当健全法人制度，享有充分办学自主权。作为高等教育的主要举办者，政府应以改善高等教育的办学条件、适应社会发展对高等教育的需求为主，对高校进行宏观管理。特别是对教育资源的提供和支持应进行科学与合理的分配，确保高等教育资源在高校内部得到充分利用，资源配置效率得到提高。[8]

（二）完善高等教育院校组织机构建设

大学的教育研究日趋边缘化、综合化，大学与社会的关系也比以往更为密切，这

---

8 彭伊凡.高等教育管理体制改革研究[M].长春：吉林大学出版社，2017.

些变化都促使大学建立一种新的更为开放积极和自主自律的组织管理体制。在这种体制下，无论设立什么样的机构，都要做到责任、权利与利益的统一。但是，不少高校组织机构设置不科学，主要现象有：教育成本居高不下，目前没有形成规模经营，组织结构中科研和学术人员力量薄弱，校、院两级职责不清，办学效益达不到标准要求。另外，高校内部教研人员和工作人员都有自己的专业领域，行政管理者不可能面面俱到。因此，高校在组织机构建设方面必须削减管理机构与非教学人员。

专业人才供不应求与过剩的矛盾由于高等教育教学机构设置得不科学，导致我国高级专业人才供不应求，但是同时又有一部分专业人才需求相对过剩，这种冲突与矛盾普遍存在且短期内无法消除。所以，政府应根据高校专业与社会需求的实际情况，制定相关政策，帮助高校应对市场挑战，及时灵活调整专业设置，化解突出的矛盾问题。

（三）进行制度创新，建立科学运行机制

高等教育在自主办学的情况下需要进行一系列机制的制度创新，其核心是建立一套高效的自我激励、自我约束的机制。根据 X 效率理论，充分调动高校体制改革，发挥高校内部工作人员及教研人员的工作热情，必须建立合理的激励机制。激励的形式既包含工资和奖金之类的物质方面，同时也包含精神方面的激励，如表彰以及荣誉等。不同的激励方式对工作人员的工作热情及努力程度的激发有着显著的作用。要实现这种质的转变，不但需要一套科学的运行机制的建立，还需要一套传统的人事管理系统。传统的人事管理重在事务性管理，没有把大学的人事工作提高到人力资源管理的高度，提高到关系学校兴衰成败的人才战略的高度。所以，高校应进行制度创新，建立一套对教师的激励机制与约束机制。激励机制可以调动教师的工作积极性，激发教师的创造性。约束机制则使教师遵守契约，不损人利己，不做对学校有害的事情。

第四章 新时期高校教育教学的运行管理

第一节 教学运行管理的重点

进入新时期以来，我国进入了经济飞速发展的时期，在经济发展下的教育体系也随之逐步完善，而高校作为教育的主阵地，其教学管理工作也在向着现代化的方向进行改革，高校教学运行管理工作作为改革的重点，需要进行更深入的分析和讨论，尽快推动其迈入现代化的平台。

一、教学运行管理的内容及重点

在教学管理中，教学运行管理是按教学计划实施对教学活动的最为核心、最为重要的管理，它包括以教师为主导、以学生为主体、师生相互配合的教学过程的组织管理和以校、系（院）教学管理部门为主体进行的教学行政管理。其基本点是全校协同，上下协调，严格执行教学规范和各项制度，保持教学工作稳定运行，保证教学质量。

管理本身是一门科学。一个单位、一个部门的工作效益的高低，除了受其种种硬件条件限制外，管理水平也是一个重要的因素。对于保障和提高教学质量来说，搞好教学运行管理是十分必要的。教学运行主要是围绕教学计划的实施所进行的教学过程及相关辅助工作的组织管理，它是动态的管理。

在教学过程的组织管理中，当然包括教与学两个方面，需要双方的努力与配合。从矛盾论的角度看，教师居于矛盾的主要方面，起着主导作用；但从另一个角度来看，学生占学校人员的绝大多数，教学的目的毕竟是向他们传授正确的思想和科学的知识，将他们培养成合格的人才，在某种意义上说，教师的教学活动也是为学生服务的，因此学校的教学活动必须以学生为主体。以教师为主导，学生为主体，搞好教学活动，这个指导思想必须明确，教学运行工作才能搞好。

教学运行管理的总原则是全校协同，上下协调，严格执行教学规范和各项制度，保持教学工作稳定运行，保证教学质量。"全校协同，上下协调"的前提当然是全校各部门（不仅仅是教务部门、学生工作部门，也包括党团组织部门、后勤保障部门以及其他诸多部门），上下各级（校级院级、系或部级、教研室或教学组织等）机构应达成"教学工作是学校经常性的中心工作"的共识，如何进行"协同""协调"，都应从有利于提高教学质量的基点出发。在各个教学行政管理部门的相互协调中，教务部门应起主要作用，教务处的工作人员应自觉地担负起这个责任来。

一所学校的教学规范和规章制度就是为保证教学稳定运行的行为准则和协同、协调的准则。因此，是否严格执行教学规范和各项制度，体现着这个学校是否从严治校的校风、学风，关系到能否保持教学工作的稳定运行，关系到教学质量的高低。

教学运行有其自身的规律，概括来说就是"一个计划、一个大纲（教学大纲）、三个环节（课堂教学实践教学科学研究训练）、五个管理（日常教学管理、学籍管理、教师工作管理、教学资源管理、教学档案管理）"。

二、目前高校教学运行管理的状况及存在的问题

（一）高校教育管理方式的落后

目前，我国教育事业的发展程度还不高，仍然位于探索发展的阶段，进步空间很大。这种情况下的高校教学管理工作存在许多的问题，同时许多管理者都在一定程度上受到了传统教学经验的制约，其教学管理机制过于僵化，并且缺乏灵活性，导致了目前的高校管理体制落后于高等教育的发展。

（二）现代化及信息化水平落后

教学运行管理的信息化和现代化是新时代的要求，因此我们的高校管理教学运行人员要与时俱进，对于学生、教师以及各专业方面的教学信息及时更新和处理，在日常管理工作中也要注意相关信息的收集和整理。目前许多高校对于现代化和信息化建设方面存在不少问题，这就阻碍了信息的沟通，对高校的现代化教育建设也有很大的影响。例如：一些年龄稍大的教师不能够正常使用网络交流工具进行沟通，导致了工作效率的降低；许多学校使用的信息化管理软件其基本功能较少，对于一些信息的统计和数据的测试仍然使用人力来完成，信息系统缺乏顶层性。

（三）教学管理机制不健全

高校的教学管理机制不健全包括以下内容：①缺乏完善的教学管理制度，同时也没有良好的教学运行管理机制；②相关的教学管理人员职责不明确；③教学管理工作缺乏系统性和规范性，导致了教学管理工作难以落实，进一步影响了学风和教风的形成；④教学管理人员多为专业性的精英教师，这些精英教师的教学工作或者科研技术的造诣确实很高，但是缺乏管理方面的理论知识和实际操作经验，导致了教学管理工作的落后。

三、完善高校教学运行管理工作的对策

（一）树立正确的教学运行管理工作价值观，加强现代化建设

作为高校的管理工作人员，一定要充分认识到现代化建设的重要性，把教学运行管理工作的内容放在高校现代化建设的重要位置上，在相关的教学运行管理工作中给予一定的支持；对于教学运行管理的工作人员来说，需要转变对教学运行管理工作的认识，把工作与现代化建设相结合，发挥其应有的管理工作及职能。

（二）健全教学运行管理机制

健全教学运行管理机制包括：①在教学运行管理中要树立鲜明的核心价值观，坚持"以人为本"的理念，把学生与教师相联系，充分发挥其积极性，并且把控好学生与教师的价值观念；②对于教学运行管理人员来说，一定要把教师和学生放在主体位置，安排合理的教学活动，让学生和教师都能得到提高；③对教学运行管理进行完善，形成个人责任制，制定好相关的管理制度，建立一个完整的管理体系；④对教学过程和教学活动加强监督和管理，在公平公正的基础上，做到赏罚分明，并且坚决抵制经验性管理出现；⑤改善管理方式，对管理工作进行纵向调整，把教学运行管理工作中的权利和责任进一步分散，实行分级管理的方式，让教学运行管理工作更为轻松和合理。

（三）提高教学运行管理人员的个人素质

高校的教学运行管理人员多为专业学科的精英教师，但是由于管理专业人员的缺乏，因此，这些精英教师的教学管理水平难以提升。针对这种情况，应当对相关的教学运行管理人员进行管理方面的培训，系统地学习管理方面的基础知识，保证教学运行管理人员的专业性，进一步实现教学管理的现代化、信息化、科学化和规范化，尤其在目前高校教育现代化改革中，对于教学运行管理人员个人素质的提高，有利于提升其工作效率和工作能力。

（四）树立服务的现代化教学运行管理意识

在经过系统的学习后，教学运行管理人员在提高自身素质的情况下，要使用现代化管理方法进行日常的管理工作，同时在学习了现代化管理设备的使用方法之后，能够针对目前学校中存在的管理问题提出自己的解决对策。对于教师和学生，管理人员要明确自己的服务意识，为教师的教学工作创造良好的教学环境，为学生创造更好的学习环境。同时，还可以引进评价和奖惩制度，建立一套针对教学运行管理人员相对完善的竞争机制，加强教学运行管理人员的紧张感，使其把教学运行管理工作变成自

我的要求和相应的行为习惯。[9]

第二节 课程教学大纲的制定

一、课程教学大纲的含义

对于高校教师来说，无论是社区学院，还是研究型大学，无论是本科课程，还是研究生课程，没有课程教学大纲就开展教学是不可思议的。课程教学大纲是 syllabus 一词的中译，源自希腊语 sylli-bos，韦伯斯特将其定义为"课程学习的大纲"。在国外，课程教学大纲是高校教师开课前必须向学生提供的一种基本的教学文件。我国大学没有与 Syl-labus 完全一致的概念，比较接近的概念是"教学大纲"。所谓教学大纲，是根据教学计划以纲要形式编写的有关学科教学内容的指导性文件。我国教学大纲的形成，最初是借鉴苏联教育经验。按照苏联的经验，教学大纲是教师进行课程教学的主要依据，是规定学生关于各科课程应获得的知识、技能和技巧范围的文件。作为指导教学的纲领性文件，过去一般由教育部指定编写。改革开放之后，高校办学自主权逐步得到落实，不再有硬性规定的统一大纲，但仍由高校教学管理部门指定较权威的教师编写，一经制定，一般不再轻易改动，在较长时间内具有稳定性。

在内容上，虽然教学大纲与课程教学大纲有相似之处，但是从目的、功能、组成部分和使用方式上看，两者的区别较为明显。教学大纲主要是供教学管理部门审核和存档之用，其作用更多地体现为对教师教学的监督和管理。而课程教学大纲主要是面向学生，以学习为中心，目的是"保证课程的每一个方面都能为学生的学习提供最有效的支持"，并鼓励和指导学生承担学习责任，使"学生明白达到本课程教学目标要求他们做什么，以及哪些学习过程可帮助他们取得学术成功"。无论哪种教学行为和管理规范，其背后总是有某种支撑的理念。所以，教学大纲与课程教学大纲的区别不仅仅是内容、格式或功能上的，更重要的是教学理念上的。

教学大纲，作为计划经济时代高校教学管理的遗留物，是教师中心和讲授中心教学理念的体现。课程教学大纲，作为学生学习的工具，其核心理念是学习中心观。从课程教学大纲的设计来看，它要求教师摆脱以教师为中心的教学，建立以学习为中心的教学，创设聚焦学习的课程氛围，把学生的学习和发展作为教学的优先事项；要求教师认识到学生的学习是一个主动的、建构的、前后关联的过程，要设计有利于课堂互动的环境，构建学生自主参与的学习活动；要求教师通过课程教学大纲，向学生准确地传达课程的期望、要求、作业标准和行为准则，注重培养学生的学习责任心。课

---

[9] 张兴华. 高校本科教学运行管理研究 [J]. 国际公关, 2019 (04): 143.

程教学大纲的重要功能之一是向学生说明他们在课程学习中要承担的责任——他们应该做什么和在什么条件下做，总之，编制课程教学大纲的过程被视为教师为学生精心构建教育经历的过程。另外，课程教学大纲体现了教学契约观。

契约就是一种合意，意味着两个以上的人与人之间的交往；也意味着某种程度上意见的一致；意味着去做什么或者不去做什么；意味着由于主体之间的合意或允诺所产生的对他方的义务或责任。课程教学大纲是契约观的一种表现形式，教师与学生具有相对平等地位是双方契约关系形成的前提。将课程教学大纲视为一种契约，最早可以追溯到20世纪70年代。在20世纪60年代以前，美国高校教师通常根据自己的兴趣爱好进行授课，一般不会事先告知学生作业内容或考试要求，教师上课的随意性较大，没有任何约束，因此，学生普遍认为自己没有有力的理由和证据对教师授课提出抗议或抱怨。到20世纪70年代，高校师生的教学矛盾已经非常普遍。为避免矛盾激化，高校开始要求教师将课程内容和要求等事先告知学生，并对课程教学大纲的内容作了规定，课程教学大纲逐渐被视为师生间的教学合同。课程教学大纲作为契约，意味着师生在教学的内容、形式等方面达成了一致，知道该做什么、不该做什么以及如何做。课程教学大纲的核心部分是义务和责任，强调师生双方作为平等主体的相互责任和义务的统一，这从一个方面保障了学生的学习主体地位。

二、课程教学大纲的基本功能

课程教学大纲之所以能够成为高校教学规范化建设的基础和教学质量保障的工具，取决于它自身特有的功能。有关课程教学大纲的功能，研究者有各种不同的看法。例如，帕克斯和哈里斯认为，大纲扮演了三种主要的角色：一是师生间的契约，它分别规定了教师和学生的职责，包括出勤、作业、考试和其他需要；二是作为一种永久性的记录，规定了教学必须达到的标准；三是作为学生学习的工具。马特卡和贝克认为，对于教师和学生而言，课程教学大纲是一份合同，是一种沟通工具，一项计划和一幅认知地图。斯兰特利和卡尔松则更为详细地分析了课程教学大纲的功能，他们认为，课程教学大纲共有七种功能，分别是设定课程的主基调；激励学生确立一个崇高而又能够实现的目标；教师的教学工具；帮助学生厘清课程框架；帮助教师设定课程计划并完成课程目标；师生的教学合同；是教师晋升或应聘教学职位的参照标准。综合以上各种看法，我们认为，课程教学大纲主要有四种基本功能：师生的教学合同；学生的学习工具；师生沟通的桥梁；教学评估的工具。

（一）师生的教学合同

课程教学大纲作为教学合同，明确了在规定期限内（通常是一个学期）教师和学生的权利和义务，对师生双方的行为起到约束作用。双方必须按照这份合同所规定的内容履行各自的责任，任何一方都不能擅自违反。课程教学大纲通常包括课程内容、课程目标、课程时间安排、出勤、作业考试以及其他与课程相关的政策和规定等，这些信息对教师的授课行为起到了很好的约束作用，同时也制约了学生的学习行为。课程教学大纲中对课程内容和课程安排的规定避免了教师随意更改授课内容以及调换授课时间，如有变动，教师必须提前告知学生；而作业和考试要求等一些与课程相关的政策，使得学生必须按照规定上课、参与课堂讨论、按时提交作业、参加考试并完成教师规定的其他学习任务，未能完成作业或学习任务的学生将会受到相应的处罚，因此学生需要对自己的学习行为负责。课程教学大纲可以有效地避免师生的教学矛盾，就算遇到学生抱怨或投诉时，学校也有据可依，能合理处理冲突。一些教师会在课程教学大纲的最后一页写上这么一句话："我已阅读此课程教学大纲，理解其含义，并会遵照其中的要求和规定完成课程"，并要求学生在阅读完课程教学大纲后在这句话后签字以示同意，再交还自己，这无疑使课程教学大纲的合同功能更加明确。

还有不少国外高校在学校政策中对课程实施大纲作了详细规定。例如，佛罗里达国际大学对课程教学大纲有如下规定：①所有教师，无论教授的课程是学分课程还是学位课程，都必须给学生提供纸质版或网络版的课程教学大纲。②对于讲座或实验课程，学生收到或看到课程教学大纲的时间应不晚于第一次上课前，对于网络课程，应不晚于学期开学第一天。对于实习、独立学习、阅读或其他课程，应不晚于开学第一个周末。③每个系或学院将保存整个学期中所有课程的纸质或在线课程教学大纲，以便接受公众的检查。这些规定确保学生能及时了解课程的内容、安排、进度以及作业和考试要求等，避免了师生因课程要求不明确而引起的纠纷。

根据课程类型的不同，有些教师在编写大纲时会让学生一起参与，而有些则不会。例如，对于一些介绍性或基础性的课程，教师对其广度和深度会有所要求，因此教师会自行编写课程教学大纲。而对于一些研讨课程，学生可以参与课程内容的设计。不过在某种程度上，这取决于教师的教学风格和教学理念。有些教师认为确定课程内容和教学过程是教师的权利和责任，无须征求任何人的意见，而有些教师则认为学生应该参与其中。不管怎样，课程实施大纲具有高度的计划性和约束力，制约和规范了师生在教学过程中的行为，同时它又是解决师生教学冲突的依据。

（二）学生的学习工具

对于学生而言，课程教学大纲是一个高效的学习助推器，有助于学生形成自我管理和学习能力，真正成为有效的学习者。研究显示，学生经常会感到学习、工作和家庭之间存在时间分配困难，这些学生通常会利用课程教学大纲来决定如何分配他们有限的时间。课程教学大纲会提供课程进度、授课时间、作业要求等信息，学生根据这类信息合理分配学习时间，做到事半功倍，提高学习效率。当然，如果教师频繁地更改授课时间，就可能打乱学生的学习计划，影响学生学习效果，因此，教师一般不能随意更改课程安排。课程教学大纲的课程资料等信息有助于培养学生的自主研究能力。教师在课堂中传授的只是整个课程的一小部分，许多内容需要学生在课外通过自主研究来掌握。学生根据教师提供的课程资料就能轻松地找到与课程相关的材料进行学习，使自主研究能力得到锻炼。因此，越详细的课程实施大纲越能帮助学生完成学习目标。

此外，课程教学大纲还能为学生选修课程提供帮助。课程教学大纲开头部分通常会注明先修课程要求以及选修该课程需要具备的知识和技能，学生可以根据这类信息判断自己是否适合选修这门课程。此外，有些课程教学大纲还会提供与课程内容相关的背景资料，学生能了解到该课程和自己已经选修过的课程的相关性，这可以避免选错课程造成时间浪费。课程教学大纲中提供的信息还包括希望学生完成课程所需的时间、如何出色完成作业、如何取得优异成绩；有时还会提到学生在课程学习中常犯的错误，并为学生提供一些特别的建议，例如学习策略、写作策略及笔记策略等。当然，课程实施大纲除了是学生学习专业知识的工具，还是培养学生良好行为规范和道德的助手。课程教学大纲中有关学术诚信、课堂礼仪等方面的规定，能够让学生理解学术诚信的重要性，逐步形成良好的学术道德和行为规范。

教学的根本目的在于激发学生的学习积极性和自主学习潜能，使他们具备面对未来社会挑战所需的知识和技能。课程教学大纲能有效调动学生的学习主动性和自觉性，使学生明确学习目标，克服学习的随意性和盲目性，自觉采取各种有效的学习策略，积极主动地完成学习。

（三）师生沟通的桥梁

一项学生参与度调查显示，学生希望与教师有更多的互动和交流。课程教学大纲是教师和学生课内、课外、面对面以及网上互动的重要连接点，随着认知主义、建构主义和社会学习理论以及教学技术进步对高等教育的影响，教师开始意识到学生的学习不只是在课堂上完成，更多的是通过课堂之外与教师共同研究讨论和相互沟通实现的。课程教学大纲详细地勾画了课堂之外师生各种联系途径，使学生能方便地选择与教师进行沟通交流的方式。例如，教师在课程教学大纲的开头部分会列出自己的姓名、办公时间、办公地点、联系方式等信息，这类信息能够帮助学生在学习过程中产生疑问或出现困难时及时向教师寻求帮助。课程教学大纲在教师和学生之间建立了最初的沟通渠道，为学生提供了学习指导方向。课程教学大纲介绍了教师的个人研究领域，阐述了教师的教学理念，让学生在第一时间就能了解教师的课程教学态度。在高校中，经常会听到学生抱怨教师难以亲近，教师抱怨学生没有认真参与课程学习，这些抱怨直接影响到教师的教与学生的学，而一份精心设计的课程实施大纲不仅能让学生知晓课程内容和要求，而且能让师生双方都清楚地了解本学期课程的目标和任务，以及达到目标和完成任务所要做出的努力。

（四）教学评估的工具

作为一种信息传递的工具，课程教学大纲是为数很少的可把孤立的求知活动整合为一个合乎逻辑并有意义的整体的记录工具之一，它记录了教师授课的全部内容和整个过程。正因为课程教学大纲强大的信息量，反映了教师的教学态度、教学理念、教学方法以及学术水平，学校能够从中判断教师的教学目标是否与学校培养目标相一致。同时，它还被认为是反映教师对学生的态度、学习评价公平性以及教师书面表达能力的最有力证据。高校通常根据课程教学大纲的内容来判断教师教学内容的广度和深度是否合理，是否达到专业标准，以及教师的教学方法是否妥当。学科专家也会根据课程教学大纲判断教师的学术水平，以决定教师晋升和获得终身教职与否。课程教学大纲既全面反映了教学人员对课程内容的掌握，也完整体现了他们将课程内容用可接受的方式传递给学生的能力。

国外高校还把课程教学大纲作为教师招聘和教学评价的参考依据。例如，美国社会学协会每年会发布由各高校提供的各类学术职位招聘信息，在招聘公告中，列出了各高校招聘的199个学术职位，其中，14种学术职位要求应聘者提供课程教学大纲；3种职位必须提供包含课程实施大纲的教学档案；14种职位需要提供能证明自己教学能力的证据；还有20种职位需要提供能证明自己教学有效性的证据。

课程教学大纲除了作为高校评估教师的重要标准外，还是专业评估机构评估高校教学情况的重要指标之一。美国全国教师教育认证协会是美国教育部和美国高等教育评估委员会认可的全国性教师教育认证机构，该协会通过制订统一的评估标准，对教师教育机构实施的基础培养计划和高级培养计划进行质量评估，也对教师教育机构实施这两类教师培养计划的办学能力进行综合评估。在对教师培养方案评估时，就通过分析和评估课程教学大纲的内容来判断学校开设的课程是否覆盖了所有专业教育的基础性知识，从而判断该机构的培养质量是否符合标准。如今在国外，许多高校都已经实现了跨校选课，学校与学校之间的学分互认也大都依靠课程教学大纲来实现。学校通常会根据授课教师为该课程编写的课程教学大纲内容来判断课程是否符合自己学校的课程标准，是否可以允许学分转换或互认。

课程教学大纲还是学生评教的参考依据。国外高校中学生在课程结束后会对教师的教学表现进行评价，学生对教师教学的评价是教学管理的特色。学生评教一般在学期结束前进行，教师会发给学生统一印制的教学评价表，让学生对教师在整个学期中的教学表现进行评价。评价的内容包括各个方面，例如教师是否有缺课现象，课程内容和教学方式的介绍是否清晰，教师课程组织是否恰当，考核方式和评分标准是否公平合理，学生对教师的这些评价的参考标准就是教师在课前提供的课程教学大纲。课程教学大纲将教学目标和需要采取的行为都清楚明了地告诉学生,学生能够据其对教师的教学和自己学到的知识进行客观的比较和评估。

三、课程教学大纲的组成部分

高校课程教学大纲由任课教师根据自己的专业经验自行设计,所以,不同教师承担相同的课程,课程教学大纲可能完全不同。但各高校一般对课程教学大纲的基本格式和组成部分以及包含的要素有统一要求,并为新进教师提供课程教学大纲设计和撰写的模板。帕克斯和哈里斯根据课程实施大纲的功能列出了对应的要素。

斯兰特利和卡尔松认为,一份有效的课程实施大纲应该包含课程识别信息、课程描述、课程目标、达到课程目标的方法、成绩评定、进度安排、课程设置理由、激励信息、学校支持服务。赫斯和威廷顿把课程实施大纲的要素分为联系信息、课程描述、课程目标、标准声明、课程进度、课程要求、课程评估、评分标准、课程教材、其他参考书目。戴维斯在《教学工具》一书中将课程教学大纲分为 12 个部分,并详细列举了各个部分所包含的要素。这 12 个部分包括:基本信息、课程描述、课程资料、课程要求、课程政策、课程进度安排、课程资源、特殊要求声明、课程评估和学习评价、权利和责任、安全和突发事件预案以及免责声明。

对于课程,学生一般最关心的问题是:是谁来教?课程目的是什么?学习本门课程要具备哪些条件?做哪些准备或要有哪些技能?在课堂教学过程中,教师会安排哪些学习活动?课程要求的教科书是哪些?必读书目是什么?需要哪些学习用品?课程会涉及哪些主题?有几次考试,采用什么方式进行考试?需要提交哪些作业?作业提交截止日期在什么时候?老师是怎么打分的?出勤、迟交作业和缺课补习的规定是怎么样的?还有一些学校重要的政策,包括学术诚信、残障学生服务、有关学生校内和课堂行为规范声明等。教师要在课程教学大纲中阐明这些问题。奥布赖恩等人认为:"更重要的是,教师应该将课程教学大纲的价值聚焦在它作为课程的学习工具上。课程教学大纲能传达课程的逻辑和组织框架,澄清教学的优先事项,提供共同的学习计划与范式。"他们指出:"教师越是详细地向学生描述这些细节,消除课程和课程实施大纲中的疑惑和猜测,明确告知课程期望,就越是能够激起学生的学习兴趣与合作愿望。课程实施大纲可以成为师生共同分享学习成功的邀请函。"[10]

四、课程教学大纲的制定与教学规范化建设

综上所述,课程教学大纲是高校教学规范化建设和教学管理制度的基础,是确保教学质量的关键。借鉴国外高校的经验,在我国高校推行课程教学大纲,可以作为提

---

10 佟玉平.以学生为中心制定课程教学大纲的路径研究[J].求学,2020(20):13-14.

升教学质量、推进教学改革和加强教学规范化建设的切入点。据此，我们提出以下政策建议。

第一，高校出台相关政策，将教师在开课前向学生提供课程教学大纲作为强制规定，并要求教师严格按照课程教学大纲进行教学。因此，在教学规范化建设起始阶段，高校必须用政策强制规定教师设计和撰写课程教学大纲，并要求教师在规定时间之前将课程教学大纲发放给学生或上传上网，使学生在选课或上课之前充分了解课程内容、课程目标、进度安排、课程政策等。

第二，高校教师专业发展中心对教师进行课程实施大纲的编写培训。目前我国高校的教学还比较随意，教师没有养成精心设计和严密规划课程目标、教学内容、学习活动、评价标准和课堂规范等的习惯，上交给教学管理部门的教学大纲与实际教学是脱节的。要改变这些现象，高校需对教师进行专门培训，使教师明确设计和撰写课程教学大纲的意义，了解课程教学大纲的结构、功能和要素，并协助教师完成课程教学大纲编制工作。同时，高校可以定期对教师的大纲编制情况进行审核和评价，并对同类课程的课程教学大纲进行比较和鉴别。

第三，高校将课程教学大纲与教师的教学考核和职务晋升挂钩，并作为学生评教的依据，让学生成为监督课程教学的主体。要使课程教学大纲的设计和撰写工作能够得到有效推行，不仅需要相关的政策推动，还需要有一系列评价和激励制度做保障。将课程教学大纲与教师的教学绩效挂钩并与学生评教相连，可以改变高校教学考核虚化和学生评教缺乏可靠依据的状况。

第四，将课程教学大纲列为高等学校本科教学工作合格评估和审核评估的指标体系。调查显示，本科教学工作水平评估对促进教师的教学和激励学生的学习效果有限，主要原因是教学评估指标缺少衡量教学过程质量的指标，无法对教学状况进行客观全面的评价。教学评估应该进一步探索的关键是怎样提高教师的教学工作责任心、调动学生的学习积极性。将课程教学大纲列入评估内容，有利于从外部推动高校教学的改进与革新，使评估真正达到"以评促改、以评促管、以评促建、评建结合、重在建设"的目的。

第三节 课堂教学的组织管理

一、课堂教学

课堂教学是学校进行教学活动最基本的形式，教师传授知识主要是在课堂上通过讲课的方式进行的。为了保障课堂教学质量，应当对基层教学组织提出具体要求。

第一，选聘好授课教师。要求选聘那些学术水平高、教学经验丰富、教学效果好的教师担任主讲教师；被选聘的教师必须经过所开课程（包括实践教学环节）各个环节的严格训练。当然，在这个问题上，学校教务处应在各系（部）、教研室（教学组）选派承担教学任务的人员的基础上进行核查的内容包括：所开课程的教学人员是否全部落实；这些人员是否都具有教师资格；有否外请人员，外请人员能否承担该项教学任务；如由二人或多人共同承担，阵容搭配是否合适；具有高级专业技术职务的教师是否达到学校规定的比例；新开课的教师是否进行过岗前培训或试讲，有无系统地备课等。经过教务处审查过的授课人员名单不得随意变动，如有特殊原因需要变动，须报教务处批准。

第二，教研室要组织教师认真研究所开课程教学大纲，根据大纲的要求编写或选用合适的教材，并选定向学生推荐的参考书，责成任课教师撰写教学日历和教案。教学日历实质上是一份课程教学内容进度安排计划，要求根据教学大纲规定的教学内容及教学周数、学时数，把本课程所在学期（学年）的教学活动、教学内容安排具体，以便把握教学进度，避免出现前松后紧或前紧后松，甚至遗漏教学内容的现象发生。教研室主任应在校、系下达下一学期的教学任务后，对教师的上述准备工作进行检查。若发现不足，及早弥补。教学活动开始后，教研室还应适当组织本教研室的教师开展教学观摩活动。教研室主任要坚持听课制度，对正在进行的教学活动要适当地进行教学检查，听课或检查之后要有记录和反馈，以帮助任课教师改进教学内容与方法，提高教学质量。

第三，组织任课教师研究教学方法，注意避免注入式的教学，提倡启发式教学。采用启发式教学是对教师的教学水平提出更高的要求，它要求教师一改"我讲你听"的传统教学方式，教师要针对授课对象的特点提出问题促使学生去思考及回答教师的提问。这不仅可以培养学生的主动思维能力，还能够活跃课堂教学的气氛，提高教学质量。最后，教研室要积极发展计算机辅助教学、多媒体教学、电化教学等现代教育技术，利用校园计算机互联网系统，增加课堂教学的信息量，并获取最新知识、最新科学技术成果，提高教学质量。

二、实践教学

实践教学环节在整个教学活动中有着重要的地位。它不仅仅是对课堂理论教学的检验和深化，而且可直接培养学生的动手操作能力，更重要的是由于理论本身来自实践，实践往往成为促进理论发展的巨大动力。因此在编制一门课程的教学大纲时，对这门课程中需要开展的实践教学部分必须予以充分考虑。另外，实践教学课（环节）

本身也要编写教学大纲和安排教学计划，对该项实践教学课要达到的目标，实践教学内容、场地、器材和设备的准备，教学过程中可能出现的问题等，均应加以规定或安排。一般来说，实践教学课课时有限，经费紧张，难以重复进行，故编写好教学大纲和教学计划就可有条不紊地进行，力争一节课下来尽量收到较好的效果。学生的毕业论文（毕业设计）可与实践教学课相结合进行，在可能情况下，学校尽量投入一些经费。在校内外建立起学生进行业务实习或社会实践的基地，使实践教学活动更有保障。纳入教学计划的实践教学课程应当保证按计划进行，不得随意删减。

三、科研活动

大学生在校期间参加科学研究工作，是培养实践能力和创造能力，树立为社会服务意识的综合性教学环节。学校"要采取多种形式组织学生参加科学研究工作，把课内和课外、集中和分散安排结合起来"，注意在向他们传授知识的同时，也应组织他们在教师的指导下开展科研活动，可以承担少量社会需要的科研攻关项目，并给予物质上和经费上的保障。在我国的部分高校，特别是一些综合性大学，近两年已经开始了这方面的尝试，并取得了较好的效果。[11]

第四节 实践性教学环境的管理

根据21世纪对专业人才综合能力的要求，应在教育理念上形成强化实践教学，注重学生创新精神和创新能力的培养的共识，在人才培养方案上形成一个包含各类实验、实习、课程设计、毕业设计（论文）、社会实践等环节的实践教学体系，由此将学习过程转变为学习、应用、发展知识的过程。

基于"以人为本，学、做、创并举"的实践教学理念，开展系列与课程相关、专业相关的实践教学活动，增强学生对专业的感性认识，培养学生分析解决工程实际问题的能力和科学研究的能力，在专业层面培养和提高学生的综合素质，是专业课程教学的特点。

由于专业课程具有较强的工程实践性，在专业课程设置时，应特别重视实践教学环节的落实和实践教学环境的管理，为学生更好地理解和掌握课程知识、培养工程实践能力创造良好条件。实践性教学环境管理是课程管理的重要方面。在实践性教学环境管理中，应充分发挥专业优势，充分利用专业有利条件。在实践性教学中，注重对学生知识运用能力的培养，不仅在课堂上重视理论和应用事例的穿插互动教学，让学生建立起将理论知识与实践相结合的理念，而且还重视实践性教学以及实践性教学的

---

11 李莎莎，赵正，夏云川. 课堂教学组织应从管理走向治理[J]. 教学与管理，2019（30）：11-13.

环境管理。在实践性教学环境管理中，要完善安全管理体系和规章制度，要严格规范课内实验教学，确保实践教学安全；积极开拓现场实践教学，建立校外教学实践基地，提高学生综合素质；充分利用学校教学资源，结合教师科研，大力开展课外科技训练，在实践中培养学生发现问题、分析问题和解决问题的能力，形成科学研究能力。

一、完善安全管理体系，保证可持续发展

贯彻"以人为本、安全第一、预防为主，综合治理"的方针，完善安全管理制度，明确学校、学院及各相关职能部门的安全管理职。依据"谁使用、谁负责，谁主管、谁负责"的原则，落实分级负责制，构建校院实践性教学3个层次的安全管理责任体系，将实践性教学安全责任落实到人。制定安全规范与规程，切实将安全管理落实到实践性教学的日常管理中。采用网络学习、应急演练、上岗培训、组织安全培训会、安全手册学习等方式，强化实践性教学技术安全宣传与教育。结合安全教育考试、新进教师入职安全教育、实践性教学技术安全课程建设等有力措施，严格控制技术安全准入条件。推行二级单位自查、安全督导巡查、校级安全检查相结合的安全监管制度，形成完善的安全监管网络，保证实践性教学稳定运行，从而实现实践性教学安全工作的可持续发展。

二、完善规章制度，推进信息化建设

管理与服务两个方面在实践性教学环境管理中并存。经过长期实践探索，构建全面系统的管理体系，同时结合信息技术将服务融入实践性教学环境管理中，实现信息化管理，弥补管理职能部门人员的不足，并为师生提供便捷式服务。

（一）健全管理制度

为了保障实践性教学的有效运转，必须建立完备的管理制度，作为实践性教学环境管理工作章程和准则，使实践性教学环境管理工作制度化。为此，建立仪器设备建设管理、实验室运行管理和固定资产管理等相关的实践性教学环境管理制度。[12]

（二）梳理管理流程

为规范实践性教学环境管理工作流程，提高工作质量。通过梳理实践性教学环境管理工作流程，例如，理清教学实验室建设、大型仪器设备购前技术论证、招标采购等制度及服务流程，给师生工作提供便捷，同时给实践性教学环境管理工作信息化奠定坚实的基础。

---

12 张春柳.加强高校实践性教学管理的探讨[J].无线互联科技，2014（12）：206.

（三）全面推行信息化管理

以"提高工作效率，提升工作质量"为目的，在实践性教学环境管理工作制度化和规范化的基础上，大力开展信息化建设，推进工作流程化。通过将信息化技术与工作业务有机融合，实现实践性教学环境管理信息化，提高实践性教学环境管理的效率及成效。

三、严格规范课内教学实验

专业课程的课内教学实验，一般属于专业课基础实验，是本专业学生必须熟知的基本内容，是课程的重要组成部分，它可以帮助学生更好地理解课程知识内容，培养学生基本实验方法和技能。

为了使学生加深对理论知识的理解，掌握相关技能，了解理论研究与实验研究之间的关系，实践性课程要设置一系列课内教学实验，要求学生明确实验目的，掌握各项实验的原理、实验系统组成、实验方法及数据处理方法。不仅要制订实验室安全规程、实验操作规程，而且还要制订管理、监督、检查制度，并在实验中严格遵照执行。

四、积极开拓现场实践教学

为培养学生专业思想，激发学生专业学习兴趣，增加学生专业感性认识，充分发挥专业优势，高校要建立校内外教学实践基地，积极开展现场教学。

五、大力开展科技课外活动

学校从人才培养需求出发，以能力培养为主线，可以建立学校基础课实验教学示范中心，建立了与理论教学相结合的多层次、多类型、多模块的科学系统的实验教学系统，为基础实验、提高型实验、研究创新型实验和专业实验教学提供了良好条件。

充分利用学校优越的实验室条件和高水平的教师资源，采取了一系列鼓励学生创新、实践的措施，将科研训练和参加学科各类竞赛纳入教学计划，实行"一对一"导师制，开放实验室，支持学生自主设计与实验等，积极组织本科生参加各类科研和科技活动，使学生创新的积极性得到提高。

通过系统的实践性训练，逐步增加学生的感性认识，提高学生专业学习兴趣，在实践中培养学生发现问题、分析问题和解决问题的能力，提高科学研究能力。通过接触专业实际研究工作，培养了学生的综合能力和素质，提高了学生的创新意识和实践能力。

通过发挥专业优势促进实践性教学环境建设，不仅丰富了实践教学内容，提高了教学质量，而且促进了课程建设。

第五章 新时期高校教育教学过程的管理

第一节 构建弹性灵活的学籍管理制度

一、新时期高校学籍管理的内涵、功能和原则

（一）学籍管理的内涵

学籍是一种资格，是学生成为学校一员的标志，当前高校学生学籍一般是指经过高考择优录取的学生取得在校学习的一种资格，简单来说，可以理解为学生在校期间的学生身份的证明。高校学籍管理是指高等学校按照教育部和省市教育主管部门制定的法规，同时结合各学校自身实际而制定的规章制度和实施办法，对学生从报到入学到毕业离校及回校办理学籍相关证明的全过程进行监督、考核和管理。学籍管理主要包括入学报到、资格审查、学籍注册、学业考核与记载、学籍异动（学生在校期间的转专业、留级、转学、退学、休学、复学、专升本、学生出国、学校间学生的交流、联合培养等）、毕业资格和学位资格审核、毕业证、学位证的发放以及毕业后的学业信息勘误、学业证书管理等学生培养的全过程，涵盖学生从入学到毕业整个在校阶段及毕业后的学业证书管理等，是高校对学生管理的重要手段，管理的好坏直接影响高校的教育教学质量和人才培养质量。

（二）学籍管理的功能

从2016年12月16日教育部颁布的《普通高等学校学生管理规定》和学籍管理工作本身实际来看，目前高等学校学籍管理工作，主要包括以下几方面内容：

1. 入学与注册

对入学报到并通过资格审查的具有高等学校正式学籍的学生基础信息进行采集和维护，并在教育部学信网学籍学历平台上注册学籍。

2. 考核与成绩记载

对学生在校期间的学习过程和学习结果进行管理和审核。

3. 转专业与转学

办理在校学生在学习期间符合政策要求的转专业和转学申请。

4. 休学与复学

学生可以分阶段完成学业，在学校规定的最长学习年限（含休学和保留学籍）内因身体疾病、创业、入伍、跨校联合培养、出国交流等原因可申请休学和保留学籍，学生休学期满前应当在学校规定的期限内提出复学申请。

5. 退学

为达到退学规定要求的学生办理退学离校手续。

6. 毕业与结业

对学生毕业进行审核并发放毕业证及学位证。

7. 学业证书管理

对已毕业生进行学业信息勘误和学历认证等。

（三）学籍管理的原则

对于学籍管理人员来说，学籍管理的总原则是，牢固树立"一切为了学生、为了一切学生、为了学生的一切"的理念，坚持"以生为本"，突出学生的主体性，真正做到"一个不能多、一个不能少、一个不能错"。

高校学籍管理首先要坚持科学准确的原则，在教育部颁布的《普通高等学校学生管理规定》和各高校学籍管理规定的科学指导下建立学生学籍档案，充分尊重学生个人的档案资料信息，保证学籍管理信息的准确无误，真实而准确地记录学生在校期间的学习情况；其次，要坚持理论与实践结合的原则，在实际工作中，加强学籍管理，让学生主动参与高校学籍管理，有利于形成管理工作的科学化、规范化，更好地为高校培养合格人才服务；最后，还要坚持公开公平的原则，高校学籍管理人员在学籍管理的过程中，坚持公开公平原则以提高学籍管理的透明度，以公开公平的方式对待学生提出的相关需求。

高校通过规范化的学籍管理充分体现对学生的关心和尊重，培养学生良好的思想作风和学风，形成正确的世界观、人生观、价值观。

二、新时期高校学籍管理的现状

学籍管理就是对大学生从入学到毕业整个大学期间的学习过程进行记录和管理，是审核学生获取资格注册入学和完成学业顺利毕业的管理机构，是高等学校人才培养的重要组成部分。

（一）学校学籍管理工作的重视程度

在1999年全国高校扩招之前，我国绝大多数地方高校在校生人数规模都不是很大，学籍管理工作相对简单，主要就是学籍注册、成绩管理和毕业证书、学位证书管理等几项工作，靠手工基本上就可以完成。因此，学籍管理工作往往被忽视，也没有引起领导的足够重视，一般由其他工作人员兼职完成，更谈不上配备专业能力过硬、管理素质强的专职管理学籍人员。

（二）学校学籍管理工作的投入大小

学籍管理工作的总要求是必须做到"一个不能多一个不能少、一个不能错"，当前我国大多数高校学生规模在 15000～20000 人之间，每年招生和毕业生人数合计在 7500～10000 人，因此，学籍管理人员每年需要审核新生和毕业生共上万条的学生信息量。同时，每年因转学转专业、跨校交流、出国交流、应征入伍、因病休学、创业休学等多种原因导致的学生学籍异动频繁，使学籍管理工作的难度和强度进一步加大，而大多数高校学籍管理工作一般都只由一人进行管理，有的学校学籍管理人员还要完成一定的教学任务和组织学生考试等工作，造成人员投入严重不足的局面。

（三）学校学籍管理工作的职能定位

学籍管理包含了学生入学报到、资格审查、学籍注册、学业考核与记载、学籍异动、毕业资格和学位资格审核、毕业证、学位证的发放以及毕业后的学业信息勘误、学业证书管理等一些方面的职能，涉及高校招生部门、学工部门、教务部门和就业部门等几个职能部门，学籍管理的职能如何归口相应职能部门，不同学校方式不一样，基本上是一个部门完成 1～2 个职能，多个部门共同参与学籍管理工作，但由于部门之间的信息交流不畅、管理方式方法不同会导致学籍管理工作混乱现象，同时这种现象也很难得到有效解决。

（四）学校学籍管理工作的制度建设

国家教育部《普通高等学校学生管理规定》颁布后，各省教育主管部门也对各省高校学生学籍管理提出明确的意见和办法，上级主管部门的意见和办法，各高校也会根据自身实际情况出台一系列的学籍管理规定，但这种管理制度的制定并没有真正体现"以人为本、以生为本"的学籍管理理念，缺乏人性化，不利于个性发展。例如，学生填报高考志愿时为了先入学都会选择服从调剂，但是由于管理制度的不健全，会严重影响这些学生的发展，甚至影响其顺利毕业，所以，这种不健全的、缺乏人性化的管理制度可能会影响学生的一生，同时还可能会对学校的稳定带来隐患。

三、新时期高校学籍管理存在的问题

（一）学籍管理制度宣传不到位，学籍管理规定执行不严格

在学校日常教学生活中，不少学生、教师认为学籍管理是学校学籍管理部门的事

情,新生在入学教育时会组织学习学籍管理,由于时间紧且又对学籍管理不够重视,学习不深入,对学籍管理理解不深。有的学生对自己的学籍信息重视不够,经常出现错误,为自己和学籍管理人员带来很多麻烦;还有的学生只有在自己违反了相关学籍规定受到相应处分时才知道学籍管理的重要性。究其原因就是他们对学籍管理规定的学习不够,同时还有重要的一点就是学校对学籍管理制度宣传不到位。我国高校学籍制度 1978 年到 2016 年出台多部相关规定,在《普通高等学校学生管理规定》下指导高校根据自身实际制定各自的学籍管理办法,但在具体管理操作过程中,人为因素较多,随意性较大,制度并没有严格执行,造成学籍管理混乱和一些不公平公正现象,严重影响了高校的正常教学和管理秩序。

(二)学籍管理重要性认识不够,学籍管理相关各职能部门责权不清

在许多高校中专职学籍管理人员很少,学籍管理人员一般同时兼职教务管理甚至科研等方面的工作,工作烦琐艰巨,但很多工作平时又得不到领导的认可,参加业务培训,提升管理服务水平的机会极少。现行的学籍管理工作涉及面很广,一般高校有招生部门、学工部门、教务部门、就业部门等几个职能部门和教学院部共同参与学籍管理工作,但由于各自管理模式管理方法不同,学籍管理工作权责不清,分工不明,经常会出现信息交流不通畅、出现错误与混乱,不利于学生发展,增大了学籍管理人员的工作压力,降低了学籍管理人员的工作效率。

(三)学籍管理信息化协同程度低,学籍信息更新滞后

随着国家经济不断发展,教育信息化的程度也不断提高,各高校也建立起自己的信息化系统,但由于各高校各类信息化系统彼此独立,除了教育部学信网平台为每个在校生建立自己的学籍信息系统外,一般高校有学籍注册系统、宿舍管理系统、成绩管理系统、选排课系统、收费系统、毕业离校系统等众多管理信息系统,但彼此独立,并没集成为完整的学籍管理信息系统,各系统之间共融性、协同性差,学籍信息不能及时更新到各个子系统,导致各系统学生信息不一致,不利于教师及学生对各类学籍管理信息的查询,严重阻碍了学校相关职能部门对学生的正常管理。

4.学籍管理人员专业化程度低,学籍管理人员压力大

目前学籍管理工作信息化程度相对较高,除了学习政策、制度等各级文件规定外,必要的专业知识和计算机操作技能必不可少,但是当前各高校学籍管理工作领导重视程度不够,普遍存在学籍管理人员人数少、学历不高、专业不对口,大多数学籍管理人员从未参加学籍管理专业培训,也不具备学籍管理专业知识和计算机数据库操作技能,加之大多数学籍管理人员一般同时兼职教务管理甚至科研等方面的工作,工作烦琐艰巨,同时学籍管理工作责任重大,学籍管理人员压力大。

四、构建弹性灵活学籍管理制度的策略

按照国家教育部最新颁布的《普通高等学校学生管理规定》要求，完善各高校学籍管理制度，以学籍管理公开、公正、公平为基础核心，根据大数据背景下信息化的特点，合理规范高校学籍管理工作，从以下几个方面不断完善，使学籍管理工作有序、高效、合法。

（一）加大宣传，把学籍管理工作落到实处

学籍管理工作贯穿大学学习生活的全程，必须加强学籍管理制度的学习，要利用学校广播、新生入学教育、海报、校园网、官方微博、微信公众号、QQ公众号、班级活动等多种形式做好学籍管理的宣传工作，在新生入学教育中，各个院部要组织学生进行学籍管理制度学习，要求每位新生必须登录学信网注册建立学信档案，学信网是国家高等教育学生学籍学历电子注册唯一网站，学信档案信息将伴随终生，确保学信网学生的考号、姓名、专业、层次、学制、身份证号等信息与学生本人实际情况一致，这些信息将和学业证书保持一致。同时，学校应加强学籍管理规定及信息的更新和公告，对最新的文件及相关规定要通过校园宣传栏或者校园网、官方微博、微信公众号、QQ公众号等方式进行公布，使学生和教师都能及时了解，只有学校师生的共同配合与努力，才能保证学籍管理工作高效运行，才能将学籍管理工作落到实处。

（二）领导重视，建设一支有担当的高素质学籍管理队伍

各高校应坚持"以生为本"原则，牢固树立"一切为了学生，为了一切学生，为了学生的一切"的理念，高度重视学生学籍管理工作，必须配备专职学籍管理人员，建设一支有担当的高素质学籍管理队伍，并根据学籍管理人员的资历和实际工作能力，确定学籍管理人员的职员级别，给予相应的工作待遇，保证学籍管理队伍的相对稳定。同时，由于学籍管理工作具有很强的政策性和专业技术性，学籍管理人员必须具备较好的综合管理素质和熟练的计算机业务操作能力。学籍管理部门要负责对全校各部门、各二级学院相关人员进行有针对性的、分层次、分类型的专题培训，对国家教育政策法规和学校学生管理条例进行系统的学习、了解，并要求熟练掌握，运用自如，达到能胜任学籍管理相关工作并指导学生的目的，建设一支有担当的高素质学籍管理队伍。[13]

（三）加强协同，建设完善的学籍管理信息化系统

为了配合数字化校园建设，推进教育信息化，以学籍管理为中心建立信息化系统，实现现有众多信息化系统的有机统一，将学籍注册系统、宿舍管理系统、成绩管理系统、

---

13 邹赐岚．践行以生为本 构建现代大学学籍管理制度[J]．中国高等教育，2016（18）：51-52．

选排课系统、收费系统、毕业离校系统等众多管理信息系统集成，建立完善的学籍管理信息系统，真正实现各子系统之间的协同工作，形成科学规范的学籍管理信息系统，保证数据的一致性，学生、教师与管理人员通过校园网可以实现数据的快速更新与共享，方便学生查询学业信息，极大提高教师与管理人员工作效率。

（四）建立预警、强化学籍管理的教育功能

建立"学籍预警"机制，该机制是基于学籍信息管理系统的智能分析机制，当学生成绩达不到学校规定学分要求或违纪受到处分时，系统会给出预警，学籍管理部门会根据系统预警，给学院、学生及家长下发"学业预警"通知书，形成"学生、家长、学院、学校"四位一体的信息沟通反馈体系，高校思想教育与管理工作应该是相辅相成的，管理是手段，教育是目的。严格有效的学籍管理与思想教育工作是密不可分的，在学籍管理中必须强化其教育功能，根据系统预警情况，学籍管理人员要不定期地与各学院学生辅导员加强沟通，加强学生的教育管理，帮助学生顺利完成大学学业。

1. 完善学籍管理机制，规范学籍管理工作流程

高校在完善自身的学籍管理制度时，首先，应遵循相应的法律条文规定，既要充分维护学生的合法权益，又要做好高校相关的学籍管理工作；其次，高校要强化自身的法制意识，明确学校与学生间的法律关系，严格依法办事，提高学籍管理工作人员依法办事的自觉性，使得学校的学籍管理工作进入法治程序，实现学生学籍管理的标准化。

2. 简化学籍管理程序，加强不同部门间的交流与沟通

首先，高校应构建科学、合理、固定的管理流程。对于管理工作中的每一个环节尽量做到细化并量化，从而使得学籍管理工作具有较强的操作性。其次，可以借助各种各样的校园文化加强宣传，从而使得学校的领导更加重视学校学籍管理工作，促进学籍管理工作的规范化、透明化和公开化。最后，强化部门间的合作，真正实现有效的交流沟通，并进行有效的配合与协作，从而营造良好的工作氛围，使得学校的学籍管理工作可以顺利开展。

3. 革新传统的学籍管理信息体系，创新学籍档案管理思想

相关的学籍管理工作人员在平常的工作中要不断进行创新与总结，形成适合新时期社会发展所需的学籍管理机制。此外，还应强化信息化管理，聘请专业的技术人员对系统进行定期维护，从而使得学生的学籍信息可以得到及时更新与分享。同时，还要创新学籍档案管理思想，确保学籍档案管理的科学性和合理性。

4. 强化学籍管理工作人员的服务意识，提高新时期学籍管理人才的管理水平

首先，高校的应强化学籍管理工作人员的服务意识，提高学籍管理信息的使用效率，确保学生和家长可以充分了解学校制定的各项政策及规章制度，从而做到严格遵

守相应的规章制度。其次,学校要重视学籍管理人才队伍建设,工作人员在平时也要加强自身的综合素质及管理水平。

第二节 完善学分制

一、学分制的定义及其发展

学分制,即称为学分积累制,不同的文献对学分制有不一样的概念界定。《中国大百科全书——教育(卷)》将学分制定义为:学分制是以学分为计算学习分量的单位,是高等学校的一种教学管理制度。《实用教育词典》将学分制定义为:高等学校学生修读满一定数量的学分才能达到毕业标准的一种教学管理制度。《国际高等教育百科全书》则将学分制定义为:衡量某一教学过程对完成学位要求所做贡献的一种管理办法。综合以上各种对学分制的定义,可以把学分制概括为:以学分为计量学习数量的单位,高等学校学生需在毕业前修满毕业要求学分的一种教学管理制度。

学分制于19世纪70年代产生于美国哈佛大学,在此后经历了一个不断发展和完善的过程。世界上主要的发达国家如欧美各国大学普遍实施了学分制,并具有选课自由度较大、配套的教学管理制度比较完善的特点,并将学分制结合本国国情和社会发展相适应。

我国在1917年,时任北京大学校长蔡元培正式引入并实施学分制这一教学管理制度,其他部分高校也先后采取学分制并推行配套教学管理制度改革发展学分制。但由于外部环境因素,1952年我国制定了适应计划经济体制的高等教育体制并普遍实行学年制。改革开放后,我国经济水平得到进一步的提高,人们思想得到进一步的解放,不少高校又开始实行推广学分制,形成了具有我国特色的学分制,并在不断地发展完善。

结合学者李桂红、王紫旭的研究,得出目前我国实施学分制的高校主要有以下两种形式:一是学年学分制,以学年和学分相结合衡量学业标准和进行相关教学管理的教学制度,最明显特征为对修业年限有着明确的规定,既不能提前毕业,也不能延迟毕业,本质上讲仍为学年制;二是完全学分制,以学分作为计算学生学习量的单位,以学分衡量学生学业完成情况,学生取得最低必要学分即可申请毕业的教学管理制度,最明显的特征为规定了修业年限范围,一般为3~7年,可提前毕业。本文讨论的学分制为完全学分制。

二、高校实施学分制政策的意义

十八大以来,我国经济发展进入了新的历史时期,经济结构调整与产业转型升级对人才需求的转变促使我国高等教育改革发展,而完全学分制这一教学制度则符合了我国高校教育发展改革的趋势。高校实施完全学分制政策具有如下意义。

(一)从学生层面来看

我国经济社会的发展离不开高速发展的互联网技术以及信息技术,在当今日新月异的信息时代,用人单位对毕业生的要求也越来越高,具有实操能力、实践经历、学习能力和适应能力快、知识面广的毕业生深受用人单位喜欢,特别是复合型人才、跨专业人才更契合我国经济结构调整与产业发展的需求。这说明学生如果仅仅掌握本专业的基础知识是不够的,需要在学习本专业知识的同时拓宽知识面,做到能跨界学习更多不同的知识。而推行学分制,可让学生根据自己的兴趣爱好、专业特长来选择自己想学的课程,并让学生根据自身学习能力来决定每学期修读多少学分以及在一定年限内完成学业。特别是开设足够的选修课、通识课让学生有跨界、跨专业学习不同知识的机会,激发学生潜在的兴趣爱好。同时让学生自主选课、自主选择上课时间、自主选择任课老师,最大限度上激发了学生学习的积极性和主动性,并培养了学生独立思考能力。

(二)从教师层面上看

过去学年制下,不少任课老师为固定的"一人一课"的僵化模式,而实行完全学分制政策,则对教师提出了新的要求和挑战。促进教师提高专业知识水平和教学质量,拓宽知识面,不断更新教学观念以及教学方式,使自己以及任教的课程保持一定的新鲜感,让学生有兴趣选。自由选课的制度让学生有选择课程以及任课老师的权利,这让教师有危机意识,无形中在教师群体间产生一定的竞争,有利于教学水平的提高。同时,高校的人事制度在关于教师工作量的考核中,教师的基本教学工作量与薪酬待遇是直接挂钩的,倘若教师开设的课程或教学班没学生愿意选或达不到开班下限人数取消开班,则需按规定扣除不足基本工作量的薪酬待遇,这也无形中激发了教师提升自我、开设高水平课程、打造有吸引力的课堂内容的潜能。

(三)从学校层面上看

推行完全学分制政策,有利于拓展学生知识面,培养复合型人才,符合未来经济社会的发展需要,这对促进高校办学实力提升和创建办学特色有着重要的意义。推行自由选课,让学生拥有了较大的自主权,教师之间则提高了竞争力。过去一些教学形式守旧、不思改变、不受学生欢迎的教师可能面临着淘汰,这对优化高校师资队伍具有促进作用。同时，自由选课有利于高校充分利用教学资源，各院系的教学资源、师资资源得以协调共用，甚至高校间的资源也得以共享。

三、学分制相关制度

（一）选课制度

1. 拟选课程

高校各专业均有独立的人才培养方案，人才培养方案规定了该专业学生毕业修读的最低学分要求以及各课程类别毕业最低修读学分要求。

学生选课的课程包括六大类：公共必修课、公共选修课、专业核心课、专业方向课、专业选修课、成长必修课。具体如下：①公共必修课，指根据专业培养目标和毕业生基本培养规格，以要求学生必须掌握的基础理论、基础知识和应具备的基本能力为内容所确定的学生必须修读的课程或环节。公共必修课包括公共基础必修课、思政通识教育必修课和创业就业实践平台课；②公共限选课，为加深和拓宽学生基础理论、基础知识和基本能力，按学科（专业）类设置，指定相关专业学生要修读的课程；③公共选修课，开拓学生视野、扩大学生知识面和提升学生整体素质而设定的课程，包括学术报告型公选课、通识任选课以及学生修读的其他专业的专业任选课。学生可以根据自己的志趣、爱好以及就业展望等，自主地选择修读；④专业必修课，即专业核心课，指各专业根据专业培养目标和毕业生基本培养规格，以要求学生必须掌握的专业基础理论、专业基础知识和应具备的专业基本能力为内容所确定的该专业学生必须修读的核心课程或环节；⑤专业限选课，即专业模块课，指各专业根据学科专业领域的发展，结合国家经济社会对人才的实际需求，在拓宽专业口径的基础上开设不同的专业方向，灵活设置的能体现本专业某个业务方向的模块化课程组。由学生在学好本专业的核心课程，打好专业基础后，希望在某个业务方向上有一定专长，根据自己的志趣、基础等选择方向而选定；⑥专业任选课，指为开拓学生视野、扩大学生专业知识范围和提升学生整体专业素质而设定的课程。由学生可以根据自己的志趣、爱好以及就业展望等，自主地选择修读。

学生毕业已修学分必须满足培养方案对各类课程学分的要求。因此，每学期各院系教务员依照各专业的人才培养方案各类别课程的开课计划安排下学期课程表，并公布给全校学生。学生根据本专业的人才培养方案以及个人兴趣制定拟选课程表，其中公共必修课如思政类课程、大英类课程等为公共基础课以及成长必修课如就业指导等，为学生毕业前必须修读的课程，学生只有选择不同教学班（如任课老师上课时间）自由权利，但不能不修读该门课程，否则无法毕业。专业必修课为本专业必修课程，学生选课的自由度与公共必修课一致。专业限选课则为本专业学生根据个人兴趣爱好，选择不同的专业方向进行修读，一旦选定专业方向，则按该方向进行修读专业限选课课程，学生只有选择不同教学班（如任课老师、上课时间）自由权利，但不能不修读该门课程，否则无法毕业。公共选修课为全校性各院系开设的公共选修课，旨在丰富学生的知识以及提升学生综合素质能力，学生具有选择是否修读该门课程以及同一门课程不同教学班的权利，只需要在毕业前按学分结构修满该模块学分即可。专业选修课为本专业开设的专业课，旨在丰富学生专业知识，学生可根据个人兴趣爱好进行选择，选课的自由度同公共选修课一致。

2. 选课流程以及相关规定

第一，每学期中各院系教务员根据各专业的培养方案，制订开课计划以及课程清单，并排定每门课程的任课老师以及上课时间，其中专业选修课以及公共选修课可根据实际教学需要调整开课学期以及增减选修课课程，报学校教务部审批后执行。排定的课程表公布给全校师生。另外，各专业教研室主任规定下学期选课本专业的选课学分上限值，一般为25学分。学生根据学分上限以及培养方案，对照公布的课表制订选课计划。

第二，学生在导师的指导下，根据选课学分上限以及本专业的人才培养方案，对照公布的课程表制订选课计划。其间各院系组织选课宣讲会对学生选课环节提前进行宣讲并答疑。

第三，各院系教务员把公布的课表相关课程信息导入教务系统，并组织学生按课程性质分批次进行选课。一般按照课程的优先等级顺序进行选课：依次为专业必修课、专业限选课、公共必修课、公共选修课和专业选修课。学生按照拟定的选课计划网上登录教务系统分批次选课，如因开班人数上限问题无法选上拟选的教学班需及时调整选课方案改选到时间不冲突的班级。每批次选课结束后，没选上的学生由开课单位处理是否补选的事宜。一般说来，后选的为先选的让步，比如不能因时间冲突问题没选上想选的公共选修课去调整前面选好的公共必修课。

第四，选课结束后，各院系教务员对该批次选课结果进行处理，如某教学班开班人数达不到开班人数下限的，需要取消开班。做好对教师的解释工作以及取消班级涉及学生选课问题的处理。

第五，下学期开学第一、二周为学生试听并进行退补选的时间，学生可根据自身兴趣爱好以及对任课老师、课程的满意度决定是否需要退选该门课程。如有教学班因退选人数过多导致达不到开班人数下限的，则需要取消开班，由教务员做好对教师的解释工作以及取消开班后涉及的学生需改选到别的课程等问题。

第六，关于补修的处理，实行完全自由转专业的政策，学生改选专业后，则需按照新专业的人才培养方案进行毕业，这就存在着该学生此前跟新转入专业学习专业必修课、限选课进度不一致的情况。该学生需要跟随低年级的学生进行补修专业必修课以及限选课，由于每个学生情况都不一样，需要有教务员做好解释指导工作并将他们补选进对应的课程里。

（二）其他配套制度介绍

1. 弹性毕业年限制度

以本科生专业教学计划规定的 4 年学习年限为参考，实行 3 至 7 年弹性学习年限。学生可按有关规定缩短学习时间，学习 3 年修满规定学分即可毕业；也可延长学习时间，超过 4 年修满规定学分后毕业，但总的学习年限最长不得超过 7 年（包括在校学习、休学累计时间）。其中提前 3 年毕业的条件为：学生须按所在专业的人才培养方案中毕业学分结构要求的各模块学分完成学业。同时由学生本人在修满规定学分的前一个学期按要求向学校提交申请。此外，学生入学后，可根据自身需要如在校期间，需要搞科技开发、创办企业或其他特殊原因须暂时中断学业的，可向学校提出休学申请，学校规定在允许的学习年限内，学生休学累计的时间为 1 至 3 年，休学次数累计不得超过 2 次。

2. 学分互认制度

在课程管理制度中对学分互认制度进行明确的规定，其中需学分互认的学生需符合以下其中一种情况：一是校内转专业前修读课程获得的学分；二是转学生在原学校修读课程获得的学分；三是学生自愿申请，经学校审核同意后到国内院校借读，在借读期间获得的学分；四是学生参加学校对外合作的项目，在国内外院校修读的学分。学分互认的总体原则为：对于公共必修课，在校内或者国内其他院校获得的公共必修课学分直接认定；对于专业必修课，须根据该课程与现专业拟认定课程内容相同或相近程度达 80% 以上才能认定，否则认定为任意选修课学分。

四、完善学分制的策略

（一）建立并执行各专业学科人才培养方案标准

人才培养方案作为高校管理的核心，不但决定了学生如何按照培养计划修读课程获得相应的毕业学分，而且也关系到任课老师任教课程以及基本工作量考核的问题。特别是在完全学分制政策下，培养方案的毕业学分结构以及课程设置对选课制执行效果产生了不少的影响。我国教育部在 2018 年 1 月出台了《普通高等学校本科专业类教学质量国家标准》，该国标涵盖了普通本科专业目中全部 92 个本科专业类，特别是对实施学分制高校的各专业人才培养方案设定了国标。从实施学分制的角度来看，该国标对各专业人才培养方案设定的标准有些专业相对比较具体，可操作性高；而有些专业则比较简化，只提了方向性要求，没对各课程组学分构成（即毕业学分结构）、课程组内的课程组成提出具体要求，这对实施学分制的高校来说，可操作性明显不高。教育部的国标从实施学分制的角度来看，仍然存在一些不完善的地方，有些专业要求得比较细致，可操作性高；有些专业要求比较简化，可操作性低。同时该国标在2018年推出后，目前尚未发文明确后续如何按国标评定各高校的教学质量水平等相关事宜。结合实施现有学分制政策的研究现状，特提出如下完善对策。

第一，针对学分制完善国标，有标可依。从学分制的角度细化各专业的要求，统一个细化的标准，而不是有些专业要求得比较细致，有些专业则要求得比较简化。特别是对毕业总学分结构的要求，毕业学分结构中各课程组的比例设置对学生选课、高校师资任教课程有着导向性，科学合理的课程设置比例有利于引导师资授课专业背景结构合理化。同时，同一专业不同高校毕业学分结构中课程比例设置不一致，如有些高校专业课要求比例过高，有些高校则公共选修课要求比例过高，这无疑是不利于深化高等教育改革发展的。如国标中经济学专业的标准所示，则对各专业的毕业学分结构中各课程组比例范围做出规范性要求，各高校能做到"有标可依"。此外，对各专业人才培养方案中必修类模块的课程明细应做出最低标准的细化，如国标中的经济学专业对专业基础课明确了最低组成的具体课程名称，各高校可在本基础上增设课程。这就用国标保证了同一专业的最低培养标准，而又给予了高校弹性培养本校专业特色的空间。

第二，增大可选课程的自由度。学分制的核心即为选课制，实施选课制的关键为选课自由度。即需要提供一定数量选修课供学生选择，而必修课同样也要引入选课制。首先按教育部出台的国标（这里以标准相对细化的经济学专业为例）来看，选修课共33学分（专业选修和任意选修），占毕业总学分的比例为22%，其余课程均为必修课程，选课自由度小。而发达国家学分制的选修课程比例占总学分40%以上。由此来看我国的学分制选修课程比例明显偏低，建议国标针对学分制进行完善，提高选修课比例，创造必要的条件，使得必修课与选修课的比例达到6：4。其次在必修课程中也引入选课制，提高学生选课自由度。同时专业必修课应设置比毕业最低学分要求多出2~3门课程学分供学生自由选择（其中4门按国标要求指定修读），如限定学生在专业必修课中的25学分的课程选出18学分来修读。

第三，保持课程组成稳定性。我国的教育事业离不开教师队伍的稳定发展，实施学分制的高校一改过去"一人一课"的情况，把选择权交给学生。教师所开设的课程与培养方案课程变动有很大的关系，频繁变动的课程不仅影响学生选课，也影响任课老师所任教的具体课程，打击任课老师任教积极性。因此国标需出台指导意见，每年的培养方案变动情况纳入考核体系中，在允许的范围内进行修改。

而从地方政府层面来看，国标为教育部出台的政策性规范文件，应督促地方高校对标执行，督促各高校自查对标。并把国标执行情况纳入教育厅的教学质量督导的体系，对省内高校进行教学质量考核。

（二）建立学分制配套的课程考核体系以及制度

在完全学分制的选课政策下，拟选课程的考核难易程度会影响学生选课结果，特别是选修类课程，由任课老师自主决定该门课的课程考核形式，这就使得课程考核的难易程度很大程度上就由任课老师自主决定了。因为学生选课时存在避难就易的心理，因此建议国家建立学分制配套的课程考核标准以及指导意见，如选修类课程应建立规范的课程考核标准体系，同一性质以及学分一样的课程（如均为2学分的公共选修课），要明确过程考核与期末考核的比例要求，并对具体的考核方式提出最低的标准要求，如采用课程论文考核形式的，需明确课程论文字数的最低要求。任课老师在规定的课程考核标准内，自主设定课程考核形式以及内容。

（三）完善评教指标体系，建立评教结果公开制度

在完全学分制政策下，实施选课制让学生拥有了选择同一门课程不同任课老师的权利，学生选课会受到对任课老师喜好程度的影响，而评教结果反映了学生对任课老师的喜好程度。评教结果对学生选课结果有着导向性，建议国家出台学分制配套的评教指标体系，这是教学质量反馈的重要环节，同时鼓励高校建立评教结果公开制度，科学利用评教结果引导学生选课。

（四）建立并完善选课制，出台规范性标准

学分制的核心即为选课制，学生提前毕业受限的重要原因之一学生很难提前修满足够的学分，特别是选课自由度与高校自定的政策有关。比如每学期修读学分上限、教学班成班人数下限等，政府应建立并完善选课制，出台主要指标的规范性标准，主要如下。

第一，选课学分上限标准。学年制下，学生修读课程为学校统一安排，每学期学业压力由学校统筹考虑。学分制下，学生自由选课，过高的学分上限意味着学生有可能选太多课程，学习质量有可能欠佳。因此，政府应针对选课制出台选课学分上限指导标准范围，而对于学习能力尚佳的学生，鼓励高校创造加修制度，允许有能力的学生多修学分。

第二，教学班开班下限。实行学分制，各高校出于教学成本以及师资力量考虑，会设置选课开班下限，但这一人数下限并无统一标准。特别是民办高校，经费由学校独立承担，优先考虑教学成本问题，有些课程学生选了后因满足不了学校规定的教学班人数而取消开班，这无疑中限制了学生的选课结果。因此，政府应针对选课制出台教学班开班人数下限标准，实施选课制的高校按不低于该标准执行。

第三，同一专业类别专业选修课应打破专业界限。教育部《普通高等学校本科专业类教学质量国家标准》中规定了各专业的专业选修课为18学分左右，严格按专业选修课会使得学生修读课程学分有限制，选课自由度低，限制了学生提前毕业的可能性，

这与学分制的精神内涵是相违背的。因此政府应针对选课制，按教育部《普通高等学校本科专业类教学质量国家标准》中的专业分布，同一类别专业的专业选修课可以通选，即同一类别专业打破专业界限，提高学生选课自由度。

（五）建立并完善选课指导体制，加强学业规划指导

实施选课制，即学生自主选课，关系到学生能否按着培养计划顺利完成学业，更关系到学校能否按着既定目标去培养学生。学生选课存在避难就易、选课盲目性的现象。学生选课信息更多是通过非官方途径获得，这徒增了选课的不确定性。虽然很多高校都制定了导师制，但由于各种原因难以落地。因此，政府需针对选课制建立配套的选课指导体制，特别是要将导师制以制度形式确立起来，纳入教师队伍考核体系中，加强对学生学业规划指导，为选课制实施保驾护航。

（六）探索跨校区选课，建立学分互认制度

实施选课制，关键就是能有足够多的课程资源供学生选择。学生会因上课时间冲突、教学班容量达到人数上限等原因无法选上自己想要选的课，这无疑中限制了学生同一学期内修读足够多学分的可能性。这也从侧面反映出学校的课室、教师、开设课程资源是有限的，参考国外发达国家先进的学分制经验：允许学生跨校区修读课程，并有完善的跨校区之间学分互认制度。因此建议政府在推行学分制过程中，由地方政府牵头，推动跨校区选课制度的建立。

此外，实施学分互认的高校应统一每学分对应的学时标准（包括每学时对应的教学时长），做到跨校区互认的每学分学习量是一致的。根据相关了解，目前有些实施学分制的高校1学分对应的是18学时，有些则是20学时或者更少，标准是参差不齐的。2018年教育部发布的国标中，部分专业提到了1学分折算为16至18学时的课堂教学（每学时50分钟）的要求。可见国标也仅给出了一个标准范围，具体实施可由各高校自主设定，这对于实施跨校区学分互认的高校来说，仍需地方政府在建立跨校区选课制度中，统一学分折算学时的标准。与此同时，国标中有些专业则未提到学分折算课堂学时的相关要求，可见国标仍需进一步细化。[14]

（七）加大学分制的宣传力度，增强社会接受程度

学生外出社会实习，用人单位考虑到学生课程压力以及专业教育接受程度一般倾向于向大四实习生提供实习岗位。这也与用人单位的以往教育所接受的学年制教育有关系，毕竟目前在我国学分制体制下能提前毕业的学生仍然属于小概率事件，社会普遍接受程度不高。我国教育部已提出要发展和推进高校学分制实施发展，同时也需要政府加强学分制的宣传力度，引导社会大众认识以及了解学分制的特性，学分制一重要特性即为可弹性毕业，即可以提前以及延后毕业。这跟以往社会大众认识的四年学

---

14 丛晓萍. 我国高校学分制改革研究[D]. 济南：山东师范大学，2017.

制有着本质上的不同，比如学年制上的延后毕业更多为学生因挂科无法拿到毕业证书留校继续修读课程，而学分制的延后毕业年限并不是因为学生学习能力问题，而是这是学分制给予学生弹性毕业年限的空间。这就需要政府加大学分制的宣传力度，增强社会大众对学分制的接受程度。

（八）改善毕业资格审核程序，优化审核时间

地方政府的教育主管部门如某省教育厅毕业生资格审核时间一般一年两次审核机会，一次在 6 月份，另外一次在 12 月份。想提前毕业的学生如想在大三结束后顺利拿到证书需要在 6 月份前获得相应的成绩以及学分。而学生每学期的期末考试时间为 7 月初，意味着第一次毕业资格审核学生是难以赶上的。此外，学生在 6 月份之前仍然在上课，并没结束教学过程，单独为学生提前组织考试以及批改成绩不现实。因此，地方政府的教育主管部门应优化毕业资格审核程序，体现灵活人性化的精神。特别是考虑到学分制弹性毕业的实际情况，应在 9 月份提供一次毕业资格审核机会。

（九）完善相关教学管理制度，严把教学质量关

建立并完善与学分制配套的教学管理相关制度。推行学分制是为了深化高等教育的改革发展，使我国高等教育水平得到更进一步的提升。从我国教育管理的角度来看：实施学分制，一改过去学年制下教师"一人一课"的固定式安排、学生只需听从学校安排课表上课即可的局面。相比以往学年制，学生学习自主选择权明显增大、教师面临新的竞争局面、学校教学管理工作愈加复杂。特别是实施学分制后，在学生、教师、学校管理这三者角色的变化中，学生的角色无疑是愈加突出了。以往围绕学年制搭建的相关教学管理制度随着学分制的实施以及学生、教师、学校三者在教育管理中充当角色的变化，势必与现有的教学管理制度不适应，这就需要我国政府建立并完善学分制配套的教学管理制度。

教育部在 2018 年已经出台的《普通高等学校本科专业类教学质量国家标准》，有关毕业实习的要求为：建议安排在第三学年及以后，可一次或多次进行，累计 4 周左右。这给予了学生自主安排实习的权利，不再是限制学分制下提前三年毕业的因素。而毕业论文作为学生毕业前撰写的论文，是学生综合运用所学的专业知识，理论以及技能解决问题的训练。若学生需要提前毕业，意味着在第三学年就开始在导师的指导下启动毕业论文相关工作，而同时学生仍在修读专业课。提前毕业的学生在第三学年修读毕业论文，是否已经具备了本专业所要求的专业知识，这是需要商榷的。因此，2018年教育部出台的国标应针对每个专业自身的特色设定修读该专业毕业论文的必要条件，如先修专业基础课、专业必修课，所获得的专业技能水平等，确保学生具备一定的专业能力才能修读毕业论文。实施学分制，既要给予学生提前毕业的可能性，又要严把教学质量关。

第三节 选课制度的改进

一、选课制的定义及其发展

选课制,即为选修课制度的简称,也称选科制或选修制。在《教育辞典》将选课制定义为:高等学校按教学计划所规定的学生按照一定要求和流程修读选修课的一种教学管理制度。学生在一定的条件下,自主根据自身需求选择修读的课程,包括上课时间、任教老师、课程内容等。选课制具有如下优点:第一,给予学生较大的自主权,让学生根据自己的个人兴趣与能力水平来选择每学期修读的课程,体现了因材施教的原则,并激发了学生的学习主观能动性;第二,激发教师的潜能,形成一种优胜劣汰的竞争机制,促使任课老师不断提升自我,更新教学内容,更新教学方法,与时俱进,打破过去任课老师固定"一人一课"的僵化模式;第三,选课制有利于跨学科相互融合、渗透,让学生接触更广泛的知识,培养跟上时代发展要求的复合型人才。

二、高校选课制实施的理论基础

(一)学习自由的理念

1. 学习自由的含义

(1)学习自由的含义

近年来,学习自由权利作为大学生应该享有的权利而备受关注。大学生的学习自由是其学习权利和受教育权利的重要组成部分,是大学学术自由的应有之义,是大学生作为学习者个人意愿的行为表达,也是其个人需求和利益的外在表现。"学习自由不仅有着丰富的内涵,而且它辐射的范围涵盖了高等学校教学和管理的多个方面。"

洪堡提出,学习自由是指学生在专业学习上具有探讨、怀疑、不赞同以及提出批评的自由,有选择教师和学习内容的自由。罗素把学习自由分为三种:学与不学的自由、学什么的自由以及观点的自由。石中英提出,学生的学习自由是人类自由精神体现在学生的学习活动中的表现,是一种在教师的指导或帮助下自觉、自愿、自主的学习状态或者权利。学习自由包括十项具体内容:第一,学与不学的自由;第二,学生选择学校及教师的自由;第三,学生选择课程的自由;第四,学生进行独立思考、理解和表达的自由;第五,学生发表独特性见解的自由;第六,学生提出疑问的自由;第七,学生参与课堂过程的自由;第八,学生基本的学习权利不能被剥夺的自由;第九,学生在不同的教育形式之间自由流动的自由;第十,学生参与自身学习事务的自由。

学习自由能够保障学生在学习活动中得到最大发展，并保障整个社会和人类从学习中获得最大利益。当一大批具有青年所有的敏锐、心胸开阔、富有同情心、善于观察等特点的年轻人聚在一起，自由地相互融合，毫无疑问，即使没有教师教他们，他们也肯定会互相取长补短、共同进步。但是学习自由不等于对学生的完全放纵或不负责任，它是有限度的，学生学习的自由必须在教师的指导下进行，而且还要受到一定学习纪律的限制，并且不能超出自身已有的认识水平。综上所述，学习自由是指学生在教师的指导下，在一定学习纪律的范围内，在自身已有知识经验的基础上，自主选择学习时间、学习内容、学习方式、任课教师等的权利。

（2）学习自由与学术自由的关系

19世纪德国教育家洪堡创立了柏林大学，奠定了学术自由的思想，学术自由包括教师教的自由和学生学的自由。德国大学在"学习自由"和"教学自由"之间做了有益的区别，前者与学生有关：选择学什么（选修课程）的自由，决定什么时间学和怎样学的自由，以及形成自己思想的自由。后者与教授有关：选择授课科目的自由，选择研究项目的自由，得出自己关于真理结论的自由。学习自由是学术自由的重要组成部分。

2.学习自由基础上的选课制度

艾略特认为，人天生在智力和倾向性方面就有差异，对不同学生的教学不能按照相同的进度，学生学习的内容也不能仅仅由学校和教师来安排。所以，他主张扩大课程范围，允许学生根据自己的倾向性和兴趣选课，并依据自己的学习能力安排学习进程。学生的这种自主选择权在高校选课制中得以体现，在选课制度下，学生可以自主选择专业、课程、任课教师、学习时间、学习方式等，这种自主选择权就是学习自由的具体体现。因此，学校必须努力为学生提供更广阔的学习机会与学习空间，保障学生真正成为学习的主体，使选课制度充分发挥它应有的作用与价值。选课制度的实施，必须以学生的自主选择权为导向，强调学生的学习自由。

基于学习自由的理念，选课制度可以定义为，高等学校在教学计划中所规定的，学生可在专业培养方案的要求下，根据自身的兴趣和能力，自主选择课程、上课时间、上课内容、任课教师、学习方式等的一种教学管理制度。选课制度的实施有其必要性，是社会发展的需要；是高校发展的需要；是实现学分制的需要；是学生个性发展的需要。

（1）社会发展的需要

近年来，随着我国社会主义市场经济体制的建立，社会对人才的需求越来越多样化，以往的计划经济体制下整齐划一的人才培养模式已不能适应社会发展的需求，迫切地需要一种能够培养出具有良好基本素质及创新才能人才的教育模式，因而高校必须根据新形势的变化而适时调整，选课制度正是顺应这种潮流而产生的，它是一种能够在计划中体现灵活性的教学管理制度，它在保障教育稳定性的基础上实现教学内容及教学方式的变动，充分体现了稳定性与灵活性的统一。选课制的实施，改变了传统的人才培养模式单一化的状况，满足了社会对宽基础、多规格专业人才的需求。

（2）高校发展的需要

21世纪，在国际高等教育改革浪潮的推动下，我国不断推行高等教育扩招政策，高等教育正从"精英化"教育阶段走向"大众化"教育阶段，在高等教育大众化的背景下，高校生源质量发生了变化，传统的人才培养的方式和规格不能适应这一变化，因此需要改革高等教育内部机制。实行选课制度不仅能保障人才的全面发展，而且能够满足社会发展对人才的多样化需求。选课制的实施，还能够推动高校内部改革，例如教育观念的转变，教学内容、教学方法的改革等。

（3）实现学分制的需要

学分制与选课制密不可分，选课制是与学分制相配套的制度。学分制以选课制为基础，保证选修课的应有数量和质量。选课制是学分制的实现载体，贯穿于学分制的始终。学分制的推行必须以选课制度的实施作为保障，学分制倡导的是"以学生为本"的教育思想，必须通过完善选课制来实现，通过给予学生充分的选择课程、任课教师、上课内容及上课时间的自由，来满足不同学生个性发展的需求。

（4）学生个性发展的需要

传统教育遵循"教师为中心"的教育原则，教师是主体，学生是知识的被动的接受者，课堂教学的时间、内容、进度都是统一的。但是学生的思维方式、兴趣及能力都是有差别的，每个人的学习接受能力不同，因此对不同的学生不能要求他们在学习进度及内容方面保持一致，应该允许学生按照自己的兴趣及能力来安排自己的学习进程。传统的教学模式无法满足学生的不同需求，因此，必须转变教育思想，使学生成为教学的主体，把教学活动的重心从"教师的教"转移到"学生的学"上来。当前教育理念在不断地发生转变，以学生为本的教育理念已成共识，这种教育理念强调教育要关注学生的权益，教学要为学生的发展服务。选课制度就是在承认学生的个体差异的基础上因材施教，充分体现了以学生为本的教育思想，把学生作为教学的主体，给予学生充分的自由，调动了学生的积极性与主动性，发挥了学生的主体作用。

另外，在选课制下，教师的教学质量可以通过该教师所开设的选修课的选修人数来衡量，这为教师提供了又一个教学质量评价标准。创造了教师之间的竞争机制，从而促使教师不断地改进自己的教学方法，更新教学内容，提高教学质量。

（二）以学生为中心的教育观念

教育学理论强调教育领域存在两大规律，一类是教育的外部规律，一类是教育的内部规律，前者强调教育必须适应社会发展的需要，属于社会本位教育论，后者强调教育必须适应教育者身心发展的需要，被称为个人本位教育论。在中国，受封建主义社会制度以及长期的计划经济的影响，社会本位教育论一直占据主导地位。近年来，随着"以人为本"的观念的提出，个人本位教育论逐渐受到重视。个人本位教育论强调教育活动要遵循学生的身心发展规律，从受教育者的实际情况出发，有益于他们的健康发展。因此，"以学生为中心"的教育是符合教育的内部规律的。"以学生为中心"强调学生在教学活动中的主体地位，强调教育教学活动要从学生的实际需要出发。

"以学生为中心"应贯穿于教学的全过程。学分制、选课制度的推行，允许学生延长学业年限；突破"班级授课"的限制，为学生提供不同的学习模式；根据学生的兴趣的不同，提供课程的分项教学；学生可以跨专业选课，可以在一定范围内自主选择任课教师，自主安排学习进程，自主选择课程修读方式等等，这些都是高校以学生为中心，从学生的实际出发，满足学生的需要，促进学生发展的价值观在教育教学过程中的体现。

三、选课制度改进的措施

（一）深化对选课制度的认识

选课制度的实施为素质教育的实现创造了条件，能够实现人才的个性化发展，满足现代社会对人才多样化的需求。因此高校要加强宣传，明确高校教师、学生及教学管理人员对选课制度的认识，走出以往的认识误区，树立正确的认知观念，明确选课制度实施的目的、要求及操作流程，为选课制的顺利实施做好准备。

1. 改变传统的教育思想观念

实施选课制，必须突破传统的教育思想的束缚，树立以人为本的教育新理念。转变传统的以教师为中心的教育观为以学生为中心的教育观，从强调"教"转变为注重"学"，转变强调教育的一致性的教育理念为注重学生个性的教育理念，树立以学生为中心的教育思想。转变传统的知识教育观，树立素质教育观，由以传授知识为中心的教育思想向以培养能力为目标的教育思想转变。由注重共性教育向强调个性教育发展。

2. 提高学生的认识

大学生由于知识和经验有限，往往不能够把专业知识与自身实际相结合，对于与自身未来相关的课程也没有合理的理解。因此，大学生要加强学习锻炼，提高自身的独立意识和能力，不仅要在整体上了解本专业的人才培养模式及知识结构，对选课制度有一个正确的认识，还要对自身有一个正确的定位，对未来有明确的目标，在充分了解选课制度的基础上，结合自身特点对以后的选课做出科学合理的规划。

3. 提高教师及教学管理人员的认识

学校要加强对教师的引导和沟通工作，确保教师对选课制度及学分制度有一个正确的理解，增强教师的选课意识和学分意识，提高教师对选修课的重视程度。高校教师应明确选课制度是现代高校教学制度的重要组成部分，它对于提高学生综合素质、培养学生创新能力有重要作用,因此教师要重视选课制度,更新教育观念,正确定位自己,给学生提供更宽阔的自主空间,发挥学生的特长,让他们选择自己感兴趣的课程,实现个性的发展。另外,加强对教学管理人员进行学分选课制的培训,增强教学管理人员对选课制度的目的和作用的认识,提高他们对选课制的管理水平。

(二)设置合理的课程体系

学校必须从数量和质量两方面入手,加强选修课程建设,开设出结构合理、内容新颖的选修课,以保证学生可以根据自身特点和社会需要选择课程。但是选修课作为一门课程必须有明确的课程目的和要求,不能随意开设。对于教师申请的新课程,学校或各院系要进行严格审查。申请新课的教师要提交有关课程的报告,通过资深教授、教学主任及专业教师的审核之后,再报学校主管部门批准,待批准后方可开课。

1. 优化课程设置标准,严格规范开课审查制度

在增加选修课程数量的同时保障选修课的质量,首先选修课的数量要满足学分的要求,其次选修课的水平要符合本科层次的需求,这都需要制定严格的标准对选修课进行审查。课程内容层次过高或过低的课程都不能作为本科生的选修课来开设。在调查对于学校开设选修课应考虑的因素这一问题时,有23%的同学选择"考虑学校实际、教师和教室资源",21%的同学选择"当前热门学科的相关课程",选择"征求学生意见、大多数同学的良好兴趣"这一项的占31%,选择"遵循同类学院"的占4%,选择"对学生就业有帮助"的占20%,还有1%的同学选择其他。可以看出,多数同学希望学校在设置选修课时考虑学生的兴趣与意见,马克思主义学院一名大四同学提到"学校何苦浪费学生的时间和精力,开设些无聊无意义的选修课,让学生选去充学分,开课前先民主征集学生意见吧。"高校在开设选修课时要充分考虑学生的实际情况,征询学生的意见,满足学生的兴趣需要。

2. 增加选修课程数量

调查结果显示,只有41%的同学选到了自己想学的选修课,大多数同学没有机会上自己感兴趣的课程,究其原因是选修课尤其是热门选修课的数量不充足,满足不了学生的需求。学校应积极创造条件,适当增加选修课的数量,压缩必修课的数量,努力使必修课与限定选修课及任意选修课的比例达到6∶2∶2,为学生提供充分的选择余地。同时,"必修课中也可引入选修机制",对于通识必修课如计算机、高等数学、大学英语等课程,可以开设不同档次、不同任课教师的课堂,学生可以根据自己的知识水平、兴趣能力等选择课堂。

对于一些热门课堂,学校应增加其课堂数量,保证多个班级同时开设,根据学生数量进行调整,满足学生的学习需求。在调查中许多学生提到学校应多增加一些有趣味的选修课,多开设一些热门课程,争取让每一位学生都选到自己想学的选修课。

3. 尝试校际选课

高校可以尝试设立校际选课，以实现高校之间资源共享、优势互补、五惠互利、协调发展，为学生提供更广阔的选修课程资源。同一地区的高校可以加强沟通，使不同类型的高校实现文科、理科、工科相互补充。目前我国已有许多地方进行了校际选课的探索，并取得了良好的效果，例如沈阳市北片教学协作区、杭州文教区、北京海淀区学院路"教学共同体"等等。

4. 高校要设立并增加实践课学分

保证在制度上支持学生参与社会实践，培养学生综合素质。目前大多数高校课程的学习都是在课堂上进行的，这不利于培养学生的实际参与能力，也不利于学生社会适应能力的提高。因此，高校应努力增加实践课学分，让学生离开课堂到实际生活中去学习，增强学生的动手操作能力，培养他们的创新意识。

（三）提升师资水平

1. 引进并合理利用师资

选课制度的有效实施离不开优秀的师资队伍，当前我国高校不断实行扩招政策，学生数量不断增加，导致师生比严重失调，教师资源的不足是选课制存在的问题之一。因此，高校要采取有效措施，扩充教师队伍。一方面高校要继续引进高水平师资，另一方面合理利用现有师资。引进师资首先包括引进高学历优秀教师，形成结构合理的师资队伍，保证开设数量充足、内容新颖的课程，以供学生选择；其次是引进同等级院校师资，聘请其他兄弟高校的优秀教师来本校开设选修课程，以补充师资不足状况，并为学生提供更加多样的高水平选修课程。合理利用现有师资就要充分调动教师开课的积极性。当前由于重科研、轻教学，高校教师尤其是高水平教师开课少，有些教师甚至不开本科生的课，造成教师资源浪费。高校应在精神和物质两方面激励教师，鼓励教师多开课、开好课，达到一专多能。同时，对任课数量少、课程种类单一且长期未开设新课的教师提出限制性要求，促使其开设更多的新课，扩充选修课程总量。

2. 加强对教师的考核评估

选修课教学质量不高的原因之一是任课教师不重视，促成这种现象的是学校对选修课教师教学质量评估的缺失。对于专业选修课的任课教师，学生有权对其进行评教，但往往碍于院系荣誉等原因，学生不能对教学质量差的教师打低分。因此，学校需要加强对选修课教师的教学质量评估，教师教学质量评估应包括同行的评估、教学管理人员的评估及学生的评估，其中学生的评估占主要部分。高校应安排教师同行及教学管理人员对选修课不定期听课，给任课教师适当的压力，以保障选修课的教学质量。学生应按实际情况对教师进行评教，并对教师提出意见。通过对选修课任课教师的评估，保障选修课教学质量。

3. 加大师资队伍建设力度，提高教师整体素质

高校要重视对教师的培训，加强教师的再教育和再学习。当前许多高校教师教学内容陈旧、教学方法落后，高校教师的教学水平没有随着时代的发展而提升，反而有所下降，这是目前高校教师教学质量存在的问题之一。要解决这一问题，除了高校教师的自我提升以外，学校还要加强对教师的培训，定期安排教师进行学习，并在教师之间开展教学竞赛与观摩，以此激励教师改进教学方法，提高教学质量。还可以通过学生选择教师来形成优胜劣汰的竞争机制，或者是用经济手段来鼓励教师，将教师的收入、晋升与开课数量和选课学生数量挂钩，提高教师的积极性。

（四）完善指导体制

为学生的选课提供指导与培训是选课制实施必不可少的环节。选课制的实施给予学生较大的学习自由空间，同时对学生的自主学习能力也提出了较高的要求，因此，学生需要来自他人的帮助与指导。调查显示，当被问到选修需要来自哪些人的帮助的时候，有37%的同学选择学长（学姐），27%的同学选择同学，选择辅导员的占20%，选择导师的占8%，选择院系领导和班主任的各占4%。可以看出学生最希望得到学长（学姐）的帮助，其次是同学和辅导员，然后是导师。

1. 为学生提供年级之间交流的平台

高校要努力创建不同年级之间学生交流的平台，例如开设年级交流会，设立年级经验册等等，以此为低年级学生提供听取高年级学生经验的机会，使他们更多地了解选修课的情况，减少盲目选课，在自身兴趣及能力的基础上选择适合自己的课程，保证选课的科学性及系统性。

2. 落实导师制

选课还需要来自辅导员和导师的帮助，各院系可实行辅导员、班主任及导师三方共同辅助的政策。当然辅导员和班主任的职责重在管理，他们不可能为每一位学生都提供个性化的指导，因此，需要推行导师制。虽然目前部分高校已建立起本科生导师制度，但调查显示，导师在学生的选课中并没有起到应有的作用，这可能是因为导师制实施不久，还不够完善。因此，进一步完善导师制，充分发挥导师在本科生选课中的引导作用是当务之急。高校要选择有高度责任心、教学经验丰富的教师担任导师，并明确他们的职责。导师要充分了解本专业的课程体系，经常与学生沟通，建立良好的师生关系，要成为让学生信任的导师。导师要帮助学生理解高校的人才培养模式，掌握本专业的知识结构。还要根据本专业的培养目标及学生的兴趣能力，因材施教，对学生的选课做出指导，帮助他们做出适合自己的选择。

3. 高校还应该组织对新生的选课培训

新生在入学以前接受的是传统教育，不需要自己做出选择，有家长和教师的帮助。

进入大学后，对于那些自主能力较强，能够根据自身实际进行规划选择的学生来说，选课毫无困难，但是对于那些缺乏自我规划能力的学生来说，选课给他们提出了巨大的挑战。这就需要学校对他们进行选课培训，通过培训向他们详细介绍大学学习的内容、特点等，帮助他们解读选课制的有关规定和要求，使他们对选课有一个充分的了解，并明确本校选课操作流程，尽量减少在以后的选课中出现的错误。各院系可以在每学期选课之前，安排专门教师对学生进行统一培训，为学生讲解有关选课的要求、注意事项及操作流程等，让学生对选课有一个整体的了解，然后结合导师的指导进行选课。

（五）改善选课系统

高校选课制度的实施大多是通过网上选课系统来实现的，选课制计算机管理的实际载体就是网上选课系统。教务管理人员通过选课系统客户端就可以控制选课进度，学生可通过自己的用户名和密码独立地在网上进行选课，选课系统的使用为选课制的实施提供了有力的保障，但是选课系统的不稳定也会影响选课制度的有效实施。

学生选课及结果的处理，涉及预选、初选、筛选、改选以及调整选课人数等复杂的工作，工作量大时，系统就容易停止运行。因此，高校要投入足够的资金来完善选课系统，保障选课系统持续稳定地运行，并编制先进、适用的选课软件，设计简单易操作的选课界面，保证学生在规定的时间内选课，确保即使是不经常操作电脑的同学也可以顺利完成选课。选课管理人员也要学习系统管理知识，增强系统管理的能力，以便能够进行一些常规性的数据库管理工作，提高选课管理水平。学生也要把在选课过程中遇到的问题反映给选课系统管理部门，使选课系统不断完善。

（六）完善选课的组织管理

1. 完善选课程序

选课程序是否完善对学生的选课效果有重要影响，因此，高校要设置完善的选课程序，指导学生有序地选课。第一，编制选课指导手册，在开设大量优质的课程资源的基础上，编写选课指南，选课指南的内容不仅包括选课制基本情况的介绍，选课的要求，选课操作流程，还包括对选修课程、任课教师的介绍以及往届学生的评教建议，具体如课程内容、选修要求、教学计划、参考教材、任课教师的学历、职称、特长和教学方法特点等，为学生提供选择课程和任课教师的依据，以方便学生根据自身情况做出合适自己的选择。第二，开设选修试听课堂。以往的做法是学生通过选课指南或者导师、学生的介绍大体了解课程，然后做出选择，但是这种选择往往并不适合自己。学生在选课之前进行试听，能够让学生对课程内容及教师的教学风格有切身的体会，以便学生做出更好的选择。第三，学生在规定时间内上网选课，学校要健全选课系统，保证学生选课顺畅。学生网上选课分为四个步骤，预选、初选、筛选、改选，高校要确保这四个步骤的顺利进行。第四，学生选课完成后，学校要及时向学生公布选课结果，使学生清楚自己的选课,从而为上课做好准备。

2. 推行试听制度,让学生"先预听,后选择"

日本大学实行试听制度,即在每学年最初的3个周内,学生可以随意试听一段时间,然后选择适合自己的课程和教师。如果满意这门课程,就作为正式的、有学分的课程继续听下去;如果不满意,可以终止,另外选择其他课程或者教师。日本大学的做法不仅体现了学习自由的思想,也有利于提高教师教学积极性,教师必须通过不断改善教学方法和教学内容来吸引更多的学生。我国高校应积极推行试听制度,给学生更大的选择自由,通过调查,也有79%的学生支持实行试听制度。通过试听,学生可以更好地选择适合自己的课程和教师,避免出现误选、退选的情况。

(七)健全教学管理制度

选课制度的实施打破了传统的统一管理的模式,增加了学校教学管理工作的难度,特别是学籍管理、考核管理、教务管理等的工作量成倍增加。以往的教学管理手段已无法适应选课制实施的要求,必须建立新的教学管理体系,健全相关配套制度。

1. 完善高校选修课程考核制度

据调查,目前我国高校考试制度的问题包括考试时间集中、考试次数过多、考试的作用不大、考试信度不高等,这不仅给学生造成很大的考试压力,而且限制了学生创新能力的发展。因此,高校要改变传统的千篇一律的考核方式,创建形式多样、内容丰富的考核方式,从实际出发,根据不同的课程性质及教学对象的特点,设立不同的考试方式和考试标准。将终结性考核与形成性考核方式相结合,并逐渐增加形成性考核在成绩评定中的比重。在成绩评定中还可以适当增加口试成绩、创新成绩、科研成绩等的评定,以实现考试形式的多样化与科学化。[13]

2. 完善学籍管理制度,推行免听与免考制度

高校应当允许学生通过自学的方式完成课程的学习,对于一些不能按照课表去听课的学生,学校应当运用其他方式来保障学生修读此课程。美国大学规定,"学生在满足学校规定的条件之后,可以不参加课堂听课,不参与课堂作业和课程考核,而是通过自学的方式修读该课程,但是教师要专门为其布置作业,并制定考核评定标准。通常教师的作业包括学习理论材料、钻研教科书、补充文献、完成几次实验室作业、撰写几篇小论文。"

---

15 蒋小明. 高校选课制保障体系的构建 [J]. 现代商贸工业,2017(14):148-149.

第四节　专业开发与设置

一、高校专业设置与开发的基本目标

2012年教育部印发的《普通高等学校本科专业设置管理规定》提出高校要调整专业，适应知识发展和学科发展的需求，适应经济社会发展需求，满足人民群众高质量的教育需求；符合教育规律和人才培养规律，符合高校办学条件和办学定位，优化专业结构，提升高校办学特色，提高教学质量。根据《普通高等学校本科专业设置管理规定》要求，结合分析，我国高校本科专业设置改革的基本目标如下。

（一）建立健全高校专业设置管理体制机制

改革和完善本科专业设置管理制度，打破专业设置中不合理的既得利益格局，理顺政府、社会、高校、学生、企业等多元利益主体在本科专业设置中的关系，通过构建政府宏观调控、高校自主自律和社会主体参与的利益相关者治理机制，建立起上下齐心、各方齐力、内外共管的高校本科专业设置管理体系。

（二）优化高校本科专业结构

建立起既能适应现有的产业结构又能引导产业结构升级优化的本科专业结构，建立起既能适应学科知识发展又能促进学科交叉融合的本科专业结构，建立起满足不同人群多元化需求的本科专业结构，建立起"动""静"结合的本科专业结构。

（三）提高高校专业设置与社会需求的契合度

确保专业人才供给与社会需求的总体平衡，促进本科专业人才培养规格与职业准入标准建立较为紧密的契合关系。

（四）凝练高校本科专业特色

凸显高等学校在本科专业设置中的主体地位，促进各地区、各高等学校自觉加强专业内涵建设，凝练专业特色，体现独特的专业布局、专业培养规格。

（五）保障高校本科专业人才培养质量

切实有效地传承好专业知识，培养专业素质，提升专业技能，培养学生形成较强的职业胜任力和良好的职业道德，具有后续发展能力和后续学习能力，具有一定的科学素质和人文素质。

二、高校专业设置与开发的基本原则

（一）权力下放与权力约束相结合的原则

长期以来，我国对高校专业设置管理沿用计划管理方式，专业的审批、认证与评估受到严格的行政控制。随着改革开放和市场经济的逐步建立，我国初步形成了专业设置权力开始下放（如1998年颁发的《高等教育法》就规定了高校具有自主开设专业的权力，2012年教育部专门下文下放本科专业设置部分权限），但同时我国又出台了关于高校在专业设置和专业培养等方面的具体规定，导致专业设置中高校自身的自主权弱化。虽然当前高等教育管理改革中也提出了简政放权，也对高校专业设置管理进行了一定程度的"松绑"；然而，由于专业设置的权力下放的具体内容规定过于模糊，使得高校并不敢有所作为。即便个别地区实施较为宽松的专业设置放权制度，然而对权力约束的措施不够严厉，导致一些高校滥用专业设置权力，最终结果是危害了高校自身。为了避免出现这些极端的局面，一方面，要通过制定相关的制度与实施办法，规定高校专业设置中教育行政部门、高校等主体的权利、责任与义务，明确权力的边界，并设计好权力约束监督机制；另一方面，要设计激励机制，鼓励高校根据地方经济社会发展需求和自身办学特色，大胆改革专业设置，提高专业人才培养质量。换言之，就是既对高校专业设置进行严格约束，又允许高校在专业设置方面大胆创新。政府教育职能部门对专业开设的比例和申请条件等方面进行严格把关，推动建立针对特殊专业的评价体系，加强质量监控和追踪监督。通过系统的制度与机制设计，避免我国专业设置的"一放就乱、一收就死"的局面。

（二）有所为有所不为的原则

以前部分高校不在乎自身的办学特色和办学类型，只要看到什么专业受学生的欢迎就开设什么专业。不在意自身的条件和办学优势，所以出现理工类院校开设文学类专业、农林类院校开设政法类专业、师范类院校开设医学类专业等现象。当然，这种现象与当前高校纷纷办综合性大学的趋势是紧密相关的，即高校为了办成所谓的综合性大学，不顾自身类型特征，纷纷设置所谓的热门专业。实际上，早期的专业目录是按照不同类型高校的特征编制的。1993年教育部颁发的全国统一的本科专业目录，将此作为高校专业设置的基本政策依据。2012年，教育部颁布《普通本科专业设置管理规定》，并颁布新的《高校本科专业目录》，对高校设置管理权限进一步放权，根据学科发展和社会发展优化了本科专业目录。专业设置权力下放对高校来说，是有利有弊，而且总体而言是利大于弊。高校拥有更大的专业设置权限，有利于高校根据自身条件和办学优势，自主设置学科专业。但与此同时，也使得一些高校滥用专业设置自主权，盲目求全求大，而忽视自身条件和类型特征。因此，在双一流建设背景下，应引导高校坚持有所为有所不为的原则设置专业，强化专业设置的自我约束意识，不再盲目地像以往一样追求"大而全"的专业结构或开设市场需求过剩的"热门专业"。在坚持有所为有所不为的原则中，要认真处理好专业设置的稳定性和灵活性的关系，不宜为了达到一定的短期目的而牺牲专业发展的长远利益。

（三）标准化原则

在高校专业设置中，要设计较为具体明确的设立标准。高校本科专业设置的标准是一个庞大的体系，包括若干个标准。一是本科专业设置基本依据标准，如学科基础、社会需求等方面的基本标准。二是针对某一高校的具体专业设置标准，如专业的就业面向、学校条件、师资队伍、教学设备等方面的具体指标。三是根据不同类型的人才培养需求设置相应的标准。如根据学术型、技术型、工程型、技能型等不同规格人才培养的要求，对相应的专业设置相应的标准。四是对于高校专业教学模式、专业认证与评估等方面出台较为科学的评价标准。这样一来，使得高校专业设置既有章可循，有法可依，又有标准可循。当然，这种标准的制定可以实现统一性和多样性相结合的办法，避免全国各地区专业设置管得过死的状况。具体来说，就是国家教育职能部门制定专业设置的基本标准，各省级教育职能部门根据地区的实际情况和人才需求制定具体的专业设置标准。

（四）特色化原则

市场经济背景下，必须引导高校实现本科专业设置特色化。美国著名的战略专家、哈佛大学商学院教授迈克尔·波特认为企业竞争的战略主要有成本领先、差别化和专一化。实际上，这三种战略中的差别化战略和专一化战略合在一起就是特色化战略。高等学校只有实现专业设置的特色化，才能在激烈的高等教育市场竞争中取得优势、取得胜利。伯顿·克拉克说："院校之间最重要的不是产生共同点，而是产生差异化。"特色化是指促进不同地区、不同高校本科专业设置具有本地区、本学校自身的特征，这种特征又与地方需求和学校办学特色是紧密相连的。特色化貌似与上述的标准化相矛盾，但实际上特色化与标准化并不是矛盾的。标准化是解决专业设置中的最低条件和"准入资格"的问题，特色化则是解决专业设置中内涵、规格与质量问题。特色化有几层含义：一是不同地区、不同高校的专业设置具有一定的特征和特色；二是不同高校的专业结构具有自身的特色；三是不同高校即便是相同的专业设置，其专业教育的内涵、面向、内容、模式等方面有自身的特色。促进高校本科专业设置特色化，要做到四个方面：一是专业设置多样化，做到"人无我有"；二是专业设置优质化，做到"人有我优"；三是专业设置特色化，做到"人优我特"；四是专业设置精细化，做到"人特我精"。

（五）适应经济社会发展的原则

高校本科专业设置适应经济社会发展的原则主要包括两个方面的内容，一是适应国家产业结构的现实需求和未来变化需求，二是适应区域经济发展的特殊要求，做到"国家服务"和"地区服务"相结合。

（六）适应职业需求变化的原则

当前世界正在走向第四次工业革命，在以互联网技术为先导的新型工业化背景下，职业的类型、方式、规格、存续时间等方面发生了深刻的变革。而且，当前由于人口流动、人口结构的变化，职业种类、职业标准也正在发生根本性的转变。因此，高校本科专业设置必须深入分析职业需求的变化。教育职能部门研制专业设置政策时要高度关注这一趋势，高校在进行专业结构改革时也要高度关注这一趋势。如政府教育职能部门在改编《本科专业目录》时，就要充分考虑职业种类的变化；高校在修订专业人才培养方案时，就要充分考虑新形势下职业规格、职业标准的变化情况。

（七）适应学科发展的原则

专业设置要以学科发展为基础，同时又要将专业教育与学科建设结合起来。通过专业设置凝练学科特色，聚集学科资源，培养学科梯队，增进学科知识。大学的专业教育不能以实用为单一的维度，而是要充分认识到高深专门知识的保存和创新的重要性。即专业设置要遵循知识发展的内在规律，并通过专业建设促进学科建设。建立健全学科建设支撑专业发展的体制机制，建立健全专业建设带领学科发展的体制机制，最终形成学科与专业协同发展的格局。

（八）满足学生需求的原则

专业设置中，应切实保障学生的权益，倾听学生的心声，反映学生的诉求。在专业设置规划、论证、评议、公示等所有重要环节，吸收广大学生参与，倾听学生的意见。如专业培养方案的修订、专业标准的制定、专业调整等方面，扩大学生的知情权和选择权。另外，要建立常态化的机制和信息反馈渠道，及时收集和处理学生的专业设置需求信息。

（九）综合协调的原则

大学既要坚持自身的逻辑和理念，坚守大学的道德追求和知识追求，又要努力做好社会服务，做到为经济社会发展提供人才支持和智力支持；既要注重办学质量，又要讲究办学效益；既遵守基本规律，又能推陈出新；既借鉴相关理论，又能尊重现实情况，还能学习历史经验；既要立足国内情况，又要学习国外有益经验；既要满足社会需求，又要考虑学科发展、学生个体发展、家长期望等因素。所以，高等学校本科专业设置改革要综合考虑各种制约因素，实现多个利益主体的利益协同和利益平衡。

（十）遵循高等教育规律与遵循市场经济规律相结合的原则

高等教育在知识传承和创新方面具有自身特有的规律性，知识的生成与分化具有自身内在逻辑。因此，高校并不是跟外界变化亦步亦趋的。市场经济条件下，为发挥高校主动服务经济社会发展的积极性和主动性，教育职能部门既要尊重高等教育规律，给予高校较大的学术自治权，又要给予高校较大的专业设置权限，以激励高校自主走出"象牙塔"去服务经济社会。而且，在高校本科专业设置中采取市场机制，有助于高校专业设置中梳理社会责任意识、质量主体意识和市场竞争意识，进而推动专业设置的优化。但是，在专业设置中纯粹按照市场模式来办，也会出现诸多问题。如市场经济具有盲目性和投机性，导致专业设置的盲目性和短期性，并危害高校的办学特色和办学质量。

三、高校本科专业设置与开发的主要内容和基本措施

根据《中共中央关于全面深化改革若干重大问题的决定》《高校本科专业设置管理规定》《国家中长期教育改革发展规划纲要》《教育部关于全面提高高等教育质量的若干意见》等文件精神，结合相关理论研究和现实分析，高校本科专业设置改革的主要内容和基本措施主要有以下几点。

（一）以学科建设为基础强力推进专业建设

1. 实现学科与专业的协同发展

学科建设与专业建设运行机制不同，学科建设的目的是创新知识，专业建设的目的是传授知识。所以，在现实中两者关系容易脱节，为此，要建立两者协同发展机制。建立健全科研促教学、教学促科研的机制是促进学科与专业协同发展的最好方法。如建立一定的激励机制，鼓励广大科研人员将最新的知识成果及时在专业教学中体现，让学生掌握最新的知识内容。又如，教师在从事专业教学过程中，真正做到"教学相长"，并带领学生开展研究性学习，从而在传授知识中创新知识，从而使专业教学发挥促进学科发展的重要作用。

2. 以学科为基础优化专业结构

各高校要根据学校的学科优势和学科特征，发展有利于凸显自身学科优势的学科专业，形成较为独特的专业结构。同时，要适应战略新兴产业发展需要和地区经济社会需要，大力发展相关的学科，并以此为基础设置本科专业，适应经济社会对人才的多元化需求。

3. 运用学科发展成果拓宽专业口径

在学科建设中，要根据学科发展的成果，不断拓展专业口径。如根据学科交叉融合的趋势设置交叉学科专业，又如及时将学科成果应用到专业人才培养过程中，从而

丰富专业内涵，不断拓宽专业口径。

（二）建立健全专业结构与产业结构对接的体制机制

1.建立国家层面的多部门组成的高校本科专业设置协同调控体系

在国家层面，建立教育行政部门、经济管理部门、工商行政部门、人社管理部门、发展与改革部门、统计部门等相关职能部门、行业产业组织以及社会中介组织组成的高校本科专业设置协同调控体系，建立定期协商机制，建立信息共享和发布机制，把握产业发展情况和发展趋势，从而加强对高校本科专业设置的调控，实现专业结构与产业结构的对接。

2.建立省级高校本科专业设置协同调控体系

由于目前本科专业设置开始推行以省级政府管理为主的模式，省级政府必须建立健全省级高校本科专业设置协同调控体系。这个体系由省级政府相关职能部门、地方行业产业组织、社会中介机构组成。这个体系的职能：一是优化专业设置调控的政策，二是及时发布产业发展和人才需求的信息，三是对高校专业结构调整给予正确的指导意见。

3.建立高等学校本科专业设置协同调控体系

高等学校专业设置评议委员会要吸收经济管理部门代表、行业组织代表、企业单位代表、经济社会研究专家等人参与，从而及时准确地掌握产业发展情况，把握学校专业设置调整的方向，实现专业结构与产业结构的无缝对接。

（三）避免专业雷同，突出高校办学特色

1.教育行政部门加强调控

一是通过行政手段、信息服务等方式使得高校在专业设置上展开错位竞争，帮助高校建立具有自身特征的专业结构。

二是通过拨款手段，推动高校优化专业结构。一味地使用行政命令手段，难以抑制部分高校专业设置的盲目性。为此，可以探索通过差异化拨款的方式加强对专业设置的调控。当前部分高校开设某些专业，并不是因为这些专业就业好、市场需求大，而是因为这些专业学生选择多但办学成本较低。因此，可以测算不同专业的办学成本与办学收益，测算拨款系数，而不再纯粹地按人头拨款。这样可以有效地推动一些高校根据自身情况调整和优化专业结构，从而办出特色、办出水平。

2.高校凝练专业特色

一是丰富专业内涵，提高专业培养质量。高校应深入进行市场调研，调整专业培养目标和规格，建立有特色的专业培养方案，凸显独特的人才培养规格，专注专业内涵建设、专业质量建设，不断优化课程体系、改进教学方法、提高教学水平。

二是调整专业结构，提炼专业特色。高校专业设置要通过资源配置、政策倾斜等

方式，对本科专业结构进行必要的调控，确保专业结构有特色、有优势，不再盲目追求大而全的专业结构，而是有所舍弃，有所创新。专业结构的调整既要能大胆创新，又不能墨守成规，实现专业结构的动态优化。

三是体现办学定位，秉承办学传统。每所大学都应该有自身的办学特色与定位，这种定位需要专业教育给予支撑。为此，高等学校要设置反映本校历史传统的学科专业。通设是专业强化学校的办学传统，努力使学校的办学理念、办学传统渗透到专业教育的各个方面、各个环节中去，使专业教育培养有技能、有思想、有情感、有理想、有信念的现代人。

四是根据学校类型确定本科专业设置方式。本科高校大致可以分为研究型大学、研究教学型大学、教学研究型大学、教学大学四种类别，应根据不同类别的高校进行专业设置。如研究型大学，培养的本科生大部分是继续深造学习的，并不是直接就业的，所以可以探索按照学科大类招生，在大一、大二时并不进行具体的专业培养，这样更有利于培养较为宽广的学科基础和知识面，到大三、大四时再分具体专业进行培养，从而实现"博"和"专"相结合。从专业结构来看，研究型大学的专业结构中，过多地设置一些数学、物理、哲学等基础性学科专业，对专业设置的依据重点应放在学科发展需求上；在培养过程中，秉承"厚基础、宽口径"的理念，即重视基础知识的培养，重视知识面的拓宽。对于教学型高校来说，其主要职能就是培养应用型人才，学生毕业后马上就赶赴职场，为此，在专业设置上，宜尽早区分专业，并且在专业培养中强调应用性知识，重点培养学生的职业精神和职业能力；在专业结构方面，处理好适应社会需求的专业与体现学校办学特色的专业之间的关系；在培养过程中，秉承"精基础、重实践"的理念，即有的放矢地学习一些基础知识，不必面面俱到，对知识的选取有所取舍，做到精简和实用，并且要格外重视对学生的动手操作能力的培养。

（四）认真落实与本科专业设置相关的法律法规和政策制度

1. 高校应严格遵守专业设置的法律法规和政策文件

高校本科专业设置必须严格遵守《高等教育法》等法律法规，并全面严格执行《普通高等学校本科专业设置管理规定》等政策文件。第一，本科专业设置评议要认真对照相关法律法规和政策文件，对照相关条件一一分析，在达到所有条件的情况下才能提出专业申请；第二，高校本科专业设置评议组织必须吸收法律专业人士参加或聘请法律专业人士对专业设置相关法律法规事项进行严格把关。

2. 教育行政部门应加强专业设置合法性检查

教育行政部门应加强专业设置合法性检查，努力使合法性检查制度化和常态化。合法性检查的任务：一是审查高校专业申请材料是否真实准确；二是核实高校在专业设置中是否严格执行了国家相关的法律法规和政策文件；三是检查高校是否按照本科专业规划开展专业建设,是否采取有力的措施保障专业办学条件,是否努力提高专业人才培养水平。

(五) 强化高校本科专业设置与职业需求的契合度

1. 建立职业需求信息收集发布平台

运用互联网、计算机技术,搭建由行业组织、就业管理部门、经济管理部门等组织部门代表共同负责的职业需求信息收集发布平台,统计经济社会发展对职业岗位种类、数量、规格等方面的具体信息,为高校本科专业设置提供大数据参考。

2. 根据职业分类标准优化本科专业目录

职业分类是按照一定标准、规则和方法,并按照职业的性质和特点将职业进行区分并归纳到一定类别去。职业分类是职业管理的需要,对人们从事职业具有很强的指导作用。我国人力资源与社会保障部门牵头进行分类工作,并且定期编制《中华人民共和国职业分类大典》。专业是以职业为导向的学业门类,但当前我国本科专业目录与职业分类有所脱节。如职业分类是人社部门组织的,专业目录编制是教育部门组织的。要实现职业分类与本科专业目录的协同性,一是本科专业目录要根据职业分类的变化不断优化;二是在本科专业目录的编制工作过程中,要邀请参与职业分类的相关人员参加。

3. 按照新时期职业需求的变化改革专业教育模式

根据现代职业种类、职业内涵、职业方式等方面的深刻变化和发展趋势,对本科专业教育模式进行系统改革,以适应新时期职业需求的变化。如在专业培养目标上,更加强调培养学生的工匠精神、职业道德;在课程设计上,更加重视课程的生成性,而不是僵化的课程体系;在课程类型上,强调降低讲授课的课时比例,增加讨论课程、实践课程、通识课程、活动课程;在课程内容上,要求及时更新知识,让反映现代职业需求的新知识充实到课程中来,而且要求加强课程之间的关系,将专业知识与普通知识、道德知识交叉融合,培养学生对知识融会贯通的能力;在培养方式上,强调开放式培养,鼓励高校与企事业单位紧密合作,实现产学研合作育人。

(六) 科学制定高校本科专业设置标准

高校本科专业设置标准的制定,不仅要根据相关的法律法规、政策文件,还要依据社会发展对专业人才规格的具体要求,特别是要依据行业职业标准。当然,相对而言,职业变动性较大,而本科专业设置变动性不宜过大。而且,本科专业教育不同于职业教育,专业与职业契合不仅仅在于迎合职业需求,还在于帮助和引导职业的发展。因此,本科专业设置标准的制定,要综合考虑上级管理部门的要求、社会的要求、职业岗位的要求、学校的办学条件等因素。如在专业设置标准的指标体系中,既要有国家要求(办学方向、办学目的等)的指标,又要有社会评价的指标(声誉、就业率等),

还要有学校办学条件（经费、教学用房、图书资料、仪器设备、实习基地等）的指标。只有科学设计高校本科专业设置的具体标准和科学标准，才能确保专业设置管理有章可循。

（七）促进高校本科专业目录的不断优化

本科专业目录规定了专业划分、专业名称和专业所属门类，是高校专业调整、招生计划安排、人才培养、就业统计等工作的基本依据。

1. 科学地设置基本专业，控制布点专业、特设专业的比例

根据2012年新政规定，控制布点专业、特设专业审批权由教育部掌握，对控制布点专业严格把关。2015年，教育部规定控制布点专业不能作为新专业申报。所以，国家在宏观层面对高校的本科专业设置调控主要是通过设置控制布点专业来实现。管得太严，会抑制高校办学积极性和办学特色；管得太松，则导致高校专业设置行为失范。为此，要根据社会需求情况适时调整基本专业、特设专业和控制布点专业的比重。而且，基本专业、特设专业和控制布点专业的比例，既要保持一定的稳定性，又要实现必要的动态优化。

2. 严格设置特殊专业

对于涉及国家安全的专业、涉及特殊行业的专业，必须严格规定专业开设条件和标准，并对专业类型、专业规格进行更为明确的规定。

3. 及时更新本科专业目录

我国以前的本科专业目录，实行十年大修、五年调整的模式，更新速度较慢，只有特设专业实行每年动态调整。实际上，产业结构调整速度加快，职业种类变化迅速，而本科专业目录更新过慢。所以，要及时更新本科专业目录，可以探索实现五年一修订、两年一微调的专业目录更新模式。

4. 改革专业目录修订模式

教育行政部门应该联合人社部、统计部门、工商管理部门、行业协会、家长代表、高校代表等相关利益主体参与本科专业目录的修订工作，实现本科专业目录与职业标准的对接。

5. 充实专业目录的内容

以往的本科专业目录，只对专业名称、专业类型进行了设计，对本科专业教育模式、专业教育内容的引导作用非常有限。所以，在本科专业目录中，必须对本科专业的培养规格、职业面向等进行设计。

6. 优化专业的种类

从我国四次本科专业目录调查过程中本科专业种类数量来看，我国本科专业目录变化较大，而且缺乏规律性。所以要综合考虑专业设置的学科依据和职业依据等因素，

形成一个较为科学的本科专业种类体系。

（八）调整高校本科专业结构与专业布局

我国本科专业设置中存在较为严重的专业结构失衡问题，专业门类、专业类型、专业招生规模等方面与社会需求脱节。而且，当前存在本科专业布局不够科学的问题，所以在本科专业目录中可以看到还设置了不少控制布点专业。

目前我国"热门专业"招生学校过多、招生规模过大，就业率低下，供大于求。而"冷门专业"则招生学校过少、招生规模过小，就业率高，供不应求。所以，必须高度重视本科专业结构的调整，包括门类结构、科类结构、数量结构等方面。

1. 根据产业发展的现实要求设置专业种类和招生规模

高等学校在设置专业过程中，既要广泛地收集人才需求信息，并深入分析，又要深入调研、考察企业生产经营第一线，去了解社会的用人需求情况；还要与用人单位、就业服务机构与人才市场建立紧密联系。以此为依据，优化本科专业结构，防止本科毕业生结构性失业。

2. 根据产业发展的趋势改革专业结构

由于专业设置具有相对稳定性，而社会需求具有变动性。所以本科专业结构和布局既要考虑现实的需求情况，还要考虑未来需求情况。当前我国处于产业结构调整和经济发展方式转型的关键时期，因此，高校本科专业结构和布局既要立足现实，又要着眼未来，对未来产业发展趋势和人才种类进行科学分析，处理好"热门专业"与"冷门专业"的关系，进而调整和优化本科专业结构和布局。

3. 根据就业统计数据改革本科专业结构

《中国大学生就业报告》显示，信息产业、医疗教育产业等知识密集型产业录用高校毕业生比例增加较为迅速；同时制造产业、建筑产业等劳动密集型产业录用大学生比例在不断下降。上述报告反映对应知识密集型产业的学科专业有待进一步发展，对应劳动密集型产业的学科专业需要适度压缩。

根据就业统计数据，我国高校应从以下方面入手改革本科专业结构：一是更多地设置适应第三产业发展的学科专业，特别是适应生活性服务业发展的学科专业，如针灸推拿、茶学、人力资源管理、文化产业管理、物联网工程等。二是更多地设置适宜战略新兴产业的专业，如生物医学、风力发电、园林工程、环境设备工程、动植物检疫、城市地下空间工程等专业。三是逐步减少部分"热门专业"的招生数量和招生规模，如法学、会计、金融、财务管理、土木工程等。四是设置适应社会发展、人民群众需求强烈的学科专业。如护理、历史、交通工程等。五是设置一些反映现代特殊岗位需求的学科交叉专业，如物联网工程专业，就业率高，市场需求很大，但这个涉及计算机科学与技术、通信技术等多个学科。再如资源循环科学与工程也是一门交叉学科，就业率达到100%。这个专业也需要多个学科的支撑，如环境工程、应用化学、化学工程与工艺、机械制造及其自动化、材料工程、电子信息工程等。这个专业主要学习废弃物资源再生利用技术、关键机械零部件再制造、再生材料的性能和应用、节能减排效益分析等相关资源循环的科学和技术问题，是国家鼓励发展的战略性新兴产业急需的新兴学科专业，对于建设资源节约型和环境友好型社会具有重要意义。

实际上，随着我国人口红利的逐渐消失，必须高度重视劳动力结构和劳动力质量。而改善劳动力结构与劳动力质量的主要途径便是高校专业教育。当前，我国出现较为严重的用工荒问题，不仅给企业生产经营带来了严重的阻碍，也不利于国家经济发展方式的转变。经济学家罗默、卢卡斯的经济增长模式，强调了专业技术知识对经济增长的重要作用。因此，在我国推进供给侧改革背景下，必须加大对高校本科专业结构调节的力度。必要的情况下，可以探索设置更多的控制布点专业，强化本科专业设置的宏观调控，确保高校本科专业结构优化。

（九）完善高校本科专业设置治理模式

《高校本科专业设置管理规定》提出要完善本科专业设置治理体系，如实施信息公开、建立专业设置评议机构、实施常态化的专业教学检查与教学评估、建立专业设置惩戒机制，等等。我国本科专业设置模式单一，治理机制不完善。目前我国对于高校本科专业设置，主要通过设立专业申报管理办法、编制专业目录、组织专业认证评估等方式进行调控，这种调控方式总体上属于行政命令式模式。专业设置主要是为社会需求和职业需求服务的，在市场经济背景下，一味地使用行政管理方式进行专业设置管理也不符合市场经济的规律和原则。因此，必须改革专业设置治理模式，以改变单一的行政管理模式，建立信息反馈、利益主体共同治理等多种调控方式。专业设置调控方式的改革并不意味着放弃政府的管理，而是优化政府的管理。如厘定政府在专业设置中的地位角色，政府保留专业审批权、经费控制权、专业质量标准设置权，适度下放专业教育设置权，赋予社会代表专业设置管理中的参与权和知情权。

我们要破除单一的本科专业行政治理模式，而实施多种科学有效的本科专业设置治理模式。

1.高校本科专业设置的多元型治理

现代治理理论强调"多中心治道"理念，重视在公共管理或企业管理过程中相关利益主体都能参与进来，实施多元主体共同治理的模式。在高校本科专业设置管理中，可以借鉴现代治理理念，建立政府、高校、社会、市场和家长参与的，协调有序的，合作的多元治理逻辑。

可以通过以下途径实施多元型治理：①构建以自我管理为基础的高校本科专业设置管理体系。发达国家高校重视高校自我管理、自我约束。高校必须发挥其办学的主体地位，强化自我发展意识、责任意识、社会贡献意识、契约意识；发挥广大教师和管理干部在专业设置管理中的积极作用，鼓励广大师生建言献策，优化本科专业设置。②完善政府在高校本科专业设置管理模式。由以往的以行政手段为主的方式转变为通过法律法规、政策指导、财政拨款和认证评估的方式加强管理。③培育社会力量在本科专业设置管理的参与度。国外经验告诉我们，社会力量的参与对于优化本科专业设置有着极为重要的促进作用。可以通过以下途径吸收社会力量参与本科专业设置管理：一是企事业单位代表或专业人士参与本科专业发展规划、专业认证、专业评估；二是向高校反馈关于专业设置的信息，帮助本科专业增强社会适应性，提出针对性的对策建议；三是建立专业设置的第三方组织，客观公正地进行本科专业评价，帮助高校不断改进专业教育。

2. 高校本科专业设置的市场型治理

治理理论一个重要的特征就是强调竞争，要建立开放有效的市场竞争型治理模式。市场经济背景下，要建立本科专业设置的市场型治理模式，使高校在本科专业设置方面开展有序竞争，从而实现人才供给与人才需求的平衡。

具体来说，首先就是建立健全机制，创设公平环境，让各所高校通过生源市场竞争、就业市场竞争，帮助高校自觉调整本科专业结构；其次，将市场观念引入高等学校专业设置中，运用成本—效益的方法来考虑本科专业设置问题；再次，专业设置中高校要从"官僚理念"向"经营理念"转变，即改变传统管理模式中忽视成本投入的做法。概言之，市场型治理模式主要是通过生源、专业教育资源、师资队伍、财政拨款等市场竞争实现的，这样使得高等学校强化市场竞争意识。市场型治理有助于高等学校按照市场经济对人才的需求，建立适当的专业教育质量观和教育质量标准，并采用企业化的管理方式方法。

3. 高校本科专业设置的规制型治理

规制在治理理论里是指系统地、规范地管理和节制。高校本科专业设置规制型治理有两层含义：解制传统的行政管制型模式和建立系统规范的治理型模式。

我国计划经济体制下形成的行政管制型模式是以全能主义和权力本位为基本特征，在这种模式中政府处于整个社会系统的中心，对教育也是采取直接的、大一统式的管制，强制性色彩浓厚，导致大学组织机构安排与政府高度同构。这种状况违背了高等教育发展规律，阻碍了教育发展。所以，迫切需要解制和规范治理，扩大大学办学自主权。高校本科专业设置建立规制型治理模式需要从多方面入手。一是政府的规制型治理。通过梳理现有的专业设置政策制度，建立协同有效的制度体系，确保专业设置管理规范有序。二是规范高等学校专业设置行为，进一步制定高校本科专业设置权力责任义务清单，确保高等学校本科专业设置有法可依，有章可循。

4.高校本科专业设置的弹性治理模式

弹性化治理是指在管理中以环境和需求变化为出发点，灵活采用管理方式和管理手段，注重管理措施和管理目标的"张力"。在高校本科专业设置中，根据不同时期、不同地域、不同高校的特征，采取多样的管理方法和管理措施，允许管理主体大胆创新，也允许管理对象有所作为。本科专业设置弹性治理模式有助于调动地方政府和高校的自主性，有助于高校快速应对市场变化，有助于高校凝练专业特色。

需要强调的是多元型治理、弹性化治理、市场型治理、规制型治理模式是针对管理模式中所存在的突出缺陷而设计的符合现代管理实践的管理措施和办法。这些治理模式都是独特的，在管理实践中也不是单独使用的，在本科专业设置管理中要根据需要灵活使用，可以运用其中一种治理模式，也可以运用多种模式，从而实现多种治理模型竞合。

（十）加强高校本科专业设置评估

1.改革本科专业设置评价方式

高校专业设置评估包括专业申报的可行性评估、专业教育过程评估和专业教育质量评估等。以往的评估重视事前评估和结果评估，忽视过程评估，重视自上而下的评估，忽视同行评估、社会评估和高校自评。为此，要改革本科专业设置评估模式，实现事前、事中、事后评估相结合，实现上级评价、同行评价与社会评价等多种评价方式的结合，打破传统的、单一的专业设置评估方式。评估的组织方面，既有全国性的顶层设计，又有地方性的自行安排；既要有封闭式的专业评估，又要有开放式的专业评估。但要注意的是，专业设置评估不能过于频繁和集中，以免影响高校的专业教育活动。为了应付各种专业方面的评估检查，很多高校不能专心从事专业教育，进而导致专业人才培养质量的下降。

2.建立健全本科专业设置的社会力量评估体系

目前我国虽然初步建立了本科专业评估体系，但这个体系从整体来看属于官方主导的评估体系，评价主体是教育行政部门，评价制度与评价标准也是由教育行政部门制定的。而且，目前我国由教育行政部门组织的专业评估，主要是针对新办专业。一般的程序是教育行政部门制定专业评估的基本原则和评价标准，再组织相关专家和教育行政部门人员组成评估委员会，对新办专业进行评价。而且这种评估的结果很少向社会公布。也有一些省级教育行政部门组织对全省高校专业进行评估。虽然现在也有一些社会中介组织从事学科专业排名工作，但公信力有限。从严格意义上讲并非专业评价。当前，"校政分开、管办分离"是高等教育管理改革的基本方向，也是高等教育发展的必经之路。《普通高等学校本科专业设置管理规定》也提出要鼓励高校开展自评，并鼓励高校引入社会力量参与专业评价。所以，我国迫切需要建立专业设置的社会评价体系。

建立社会性本科专业设置社会评价体系：①引导和资助社会机构参与高校本科专业设置评估，如资助一些公益性、专业性中介机构参与本科专业设置评价工作。②完善法律法规和政策制度，确保社会力量参与本科专业设置的权利，确保高校能积极吸收社会力量参与专业设置管理事务。③建立社会机构与本科专业设置管理部门和高等学校的信息交换平台和沟通协调机制，从而确保信息畅通，进而对专业设置的优化发挥引导作用。④发挥各种权威媒体的积极作用，帮助高校收集信息。当然，也要加强对社会中介机构和评估行为的管理，防止一些不科学的评价甚至恶意的评价对高校或学生带来损伤。

3.建立多元分层的专业评估体系

多样分层评估表现在多个方面：从评价内容上看，是对专业设置的硬件、软件、教学设备、师资队伍、实习基地、图书资料、社会环境等内容进行系统的设计；从评价主体来看，吸收学生代表、家长代表、企业代表等相关人士参与专业评估；从评估层次来看，可以有国家层面的专业评估，也可以有省级层面的专业评估，还有高校专业自评。由于专业设置受到许多诱质性影响，所以高校自评、政府监控、市场制衡都非常有利于高校本科专业设置的优化。但需要注意的是，过于频繁的、无序的专业评估会干扰高校正常的专业教育，从而带来负面的影响。

（十一）建立本科专业设置预测预警体系，确保专业设置的前瞻性和科学性

高校的专业设置要实现学生需求和学科需求两者之间的平衡。既要考虑学生发展、知识发展、社会发展的前瞻性，又要考虑学生发展、知识发展、社会发展的现实性。换言之，高校本科专业设置一方面要适应社会需求，另一方面又要引导社会的发展。这两个方面都要求高校建立专业设置的预测预警机制。预测机制是可以建立的，如建立人才供给与人才需求数据统计发布机制。重视本科专业设置的前瞻性与科学性论证，确定具体的预警标准，并建立应对机制。

在我国，尚未建立起较为健全的高校专业设置预测预警体系，原因是多方面的：①我国经济处于迅速发展时期，产业结构变化较快，社会对职业人才的需求结构也在发生快速变化。②我国专业设置管理关系尚未理顺，教育行政部门应积极地进行专业设置调控，但实际上专业设置涉及发改、工商、财政、统计等多个行政部门，导致专业设置管理存在越位现象或缺位现象。③缺乏专业设置的预测预警机制。一方面缺乏专门的管理人员，另一方面缺乏管理机制。

为此，我国应该建立高校本科专业预警体系，形成有效的专业设置信息公开、预警与干预机制。这个预警体系有几个层次：一是全国范围的预警体系。教育部门、人

社部门、统计部门、工商管理部门等职业部门，联合出台实施办法，设置控制标准，并联合建立信息发布平台，通过专门的平台，全方位地收集相关的数据与信息，并建立科学可靠的分析模型，对这些信息进行统计分析，对人才需求的总体特征进行归纳，对未来发展趋势进行预测预判，并向社会予以公布。进而，以此为基础，将人才需求信息和高校本科专业设置进行对比分析，将分析结果向社会公布，引导高校对专业设置进行优化调整，也引导广大考生理性选择学科专业。二是省级预警体系。由于高等教育实行两级管理体制，教育部承担部属本科院校的管理职能，省级教育行政部门主要承担地方本科院校的管理职能，形成有效的专业设置论证、规划、公示、督促、认证与评估机制。而且，各地区的省级教育行政部门需要根据自身特征建立省级专业设置预警体系。三是校级预警体系。高校是专业设置的主体，是专业教育的实际承担者。高校必须根据上级精神，结合外部要求和自身条件，建立专业设置预警标准和相应的处置机制。如设置专业调整的基本标准，可以以就业率、考生专业志愿填报率、教学设备利用率等指标为依据，对本科专业设置进行调控。高校自身要建立专业设置机构，吸取相关的专业人士参与专业设置管理，确保专业设置的科学性。所要注意的是，无论中央政府、地方政府还是高等学校，建立预测预警体系的目的是促进高校专业设置的优化，帮助高等学校用好专业设置自主权，强化高校专业设置的自律自觉，绝不能因为预测预警体系而抑制高校办学的自主性和特色化。在这三层体系中，要以高校层面的预测预警系统为主，政府预测预警主要运用信息收集、统计和发布等方式来发挥作用，高校则通过获取信息、处理信息和做出相应的应对措施等方式促进专业设置的优化。[16]

第五节 树立以就业为导向的教育教学管理理念

一、树立以就业为导向的人才培养教育理念

（一）"以人为本"的教育理念

教育在人的发展中起着主导作用，主导作用的发挥有一个基本的条件，就是要遵循人的身心发展规律。进入 21 世纪以来，我国经济社会发展选择了以科学发展观作为指导思想，提出了"以人为本，全面、协调、可持续发展"的发展理念，赋予了教育中"以人为本"理念新的含义。"以人为本"的教育理念既是人才培养理念的价值回归，

---

[16] 智泉，林妍梅. 应用型本科高校专业设置的基本逻辑与改革对策 [J]. 北京联合大学学报，2020，34（04）：1-6.

也是新时期经济社会科学发展的必然选择。

在教育中,"以人为本"的理念体系要求尊重人性的主体要求,以实现人的本体价值、激发人的潜在本能、发展人的个性。没有人的本体参与的教育是失败的教育,是没有生命力的教育。我国的教育实践证明,如果不激发学生的自我教育和自我苏醒,无法实现人的可持续发展。这种情况下,人在受教育的过程中只能是一个被动的受体,离开学校之后很难领会终身教育理念。忽视"以人为本"的教育,本身也是对人发展权利的不尊重。

就业是受教育者个体发展的需求。对于高校管理者来说,应该尊重学生的主体地位和人格,重视学生的权利和价值诉求,着眼于学生的成长成才。

(二)"智能教育"的教育理念

传统的大学教育在教育方式和评价方式上比较单一,尤其在评价方式上,习惯用考试分数决定一切。这无疑忽视了人的认知方式和思维方式的多元化。多元智能理论从实践上证明了学生在理解能力、动手能力、应用能力、创造能力和语言以及数理逻辑能力的发展上存在个体差异性。过去的教育中倾向对语言和数理逻辑的考评,而其他方面的能力没有得到重视。在就业视野中,任何一种能力突出都可以在职场上散发光芒。要培养多元化的就业人才,高等教育必须以智能教育为指导,在学生掌握宽厚的基本理论知识基础上,锻炼和发展其多种能力,使其有成为各个领域专才的可能性。处理好"传授知识"与"培养智能"的关系,在加强基本理论和基础知识教学的同时,高度重视学生智能的培育,是培养就业人才的出发点。

(三)"综合教育"的教育理念

人才的培养是一项系统工程。知识经济迅速发展的今天,学科知识呈现两种状态和趋势,一是高度分化,朝专业化方向发展;二是高度综合和集成,朝通识方向发展。这就要求在人才培养模式改革中,要有综合教育的理念,加强专业的融合,强调文理科的互相渗透,强调人文精神和科学精神的统一和并重,重视人才的综合知识、综合能力和综合素质,以培养能在各个领域快速适应岗位的综合性人才。

(四)"开放教育"的教育理念

当前之所以存在一定程度上的人才匮乏,是因为缺乏开放性的理念的指导。一方面高校在喊着要培养创新开放的人才,一方面却又用固有的模式进行培养。用重复性的训练和标准化的考试评价人才,培养创新和开放的人才只是停留在口号上。高校必须转变思想,改变不利的发展环境,建立有利的培养模式。

开放教育包括两层含义:一是对内开放,即学校对社会的开放性。学校教育再也不能传承"象牙塔"式的办学模式,把学生禁锢在学习"书本知识""学科知识"之内,应鼓励学生从社会实践中学习,置身于现实的变革中开阔视野、增长才干、学以致用。

通过加强实践技能和创新能力的训练，促进知识的学习和应用，增强学生适应社会发展变化的综合能力。二是对外开放，即学校对世界的开放性。让学生了解、认识世界，培养学生的"全球意识"、国际视野和国际素养，以适应经济全球化对人才的新要求。

（五）坚持素质教育理念

教育的真谛是什么？引用《礼记·大学》中的一句话，开宗明义："大学之道，在明明德，在亲民，在止于至善。"这说明高等教育必须重视培养学生具备会思考、探索问题的本领。人们解决世界上所有问题是用大脑的思维和智慧，而不是靠照搬书本。也就是说，大学教育不仅仅是知识教育、专业教育，而应该是素质教育。素质教育理念的提出是对教育真谛的领悟，是我国教育界对教育理念的创新。素质教育理念是指导人才培养模式改革的核心理念。综观我国的教育现实情况，可以发现：要实现人才培养模式改革，需要坚持素质教育理念。20世纪90年代以后，人们认识到在构成人才的要素中，有比知识、能力更为重要的东西，那就是"素质"。换句话说，就是强调教师在传播知识、培养学生能力的同时，要更加注重学生素质的提高。这里的素质教育主要是针对片面的科学主义教育以及狭隘的专业教育弊端提出的。它更侧重于文化素质。以文化素质教育为突破口，强调"做事"与"做人"有机结合的重要性，其目的在于促进科学教育与人文教育相融合，满足大众需求。因此，文化素质教育理念成为了加强素质教育、深化人才培养模式改革的一个重要切入点。

二、确定以就业为导向的人才培养的基本目标

（一）人才培养目标的意义

人才培养目标可以称为教育目标或教育目的，是各级各类学校、各专业规定的培养对象通过培养后要达到的要求。一般在人才培养方向、培养规格、业务培养要求等方面做出明确规定。人才培养目标是人才培养模式的核心因素，也是确定培养体系、培养过程和培养机制的前提和依据。培养目标既受国家、社会对人才类型、规格需求的制约，也受学生自身基础条件及发展要求的制约。

培养目标是人才培养的标准和要求。它是人才培养模式的核心，对人才培养活动具有调控、规范和导向作用。高等教育的人才培养目标随着社会需求的变化而变化，即人才培养目标要与时俱进。

培养目标就是回答高等教育到底是培养什么人这个问题。随着社会的不断变化，教育在大学生成长过程中有着重要影响。折射到人才培养目标上，我们也应该做出相应的改革，也就是根据社会需求、了解社会、了解国情，培养对应的人才，切不可闭门造车。正确的培养目标是旗帜，是引领教育发展和改革的方向。当前，各高校普遍注重通识教育和文化素质教育以及毕业后适应工作能力和发展潜力的培养。但在培养

目标与专业教育关系上，一些学校会走入误区。实际上，依据社会发展需求，社会发展的任何阶段既需要通才，也需要专才。通识教育与专才教育都是高等教育必须兼顾的人才培养模式与人才培养目标。培养人才的关键问题是实现二者有机结合，不能因强调通识教育而弱化专业教育，也不能因强调专业教育而使通识教育流于形式。所以，大学应根据社会所需，与时俱进，不断调整目标，培养社会所学人才，才能发挥高等教育的社会功能。

总的来说：人才培养目标改革需要做的是与时俱进，坚持素质教育的理念，依据社会要求，培养对社会有用之才。为切实实现就业导向的人才培养，在培养目标的确定上应有其契合的体系，实现教育价值。

（二）人才培养目标体系

1. 以培养创新型人才为目标

人才培养的创新就是要求以新的理念来指导教育，使学生在宽松、民主的环境下，打破学科界限与单一的授课方式，让学生通过学习与经历，使知识结构趋向完善，能力得以提升，最终成为复合型的创造性人才。

目前，从社会各界和用人单位反馈的信息来看，我国高等教育存在的突出问题是对大学生的创新意识和创新能力的培养严重不够，适应不了市场经济迅速发展的要求和日益激烈的科技竞争的需要。其主要表现在：一是学生在学习期间偏向于唯书、唯师、唯古不唯新，把现有知识看成是绝对的真理，满足于对现有知识的记忆和复现，而对当今世界在高新技术以及人文社会科学方面的新进展、新动向，特别是一些正在探索而尚未解决的问题，不敏感、缺兴趣、少研究，不能或不敢运用所学的知识大胆地提出问题和分析问题，更谈不上有多少带有创新性的学术新思想和新观点。二是大学生毕业进入社会后，面对迅速发展的市场经济和日新月异的科学技术及其先进的生产手段，面对实际工作中遇到的大量创新问题，无论是在大学阶段所学的知识，还是所具有的能力和素质，均显得不足。因此，高等教育要适应新形势，满足社会发展的新要求，必须调整人才培养目标，由以往传统的培养单一的"知识型"人才提升拓展为培养"知识、能力、素质三位一体型"人才。注重学生的知识积累和一般能力培养的同时，要重视学生创造性思维、创新能力和社会适应力的培养。因为能力和素质特别是创新能力是人类驾驭知识、灵活运用知识服务社会的力量体现，是知识内化而成的体现人的品格、潜质、底蕴和境界的一种深层次属性，代表了人才质量要素的更高层次，更加符合现代社会经济发展对人才的实践性、创造性的要求。它应该成为我国高等教育人才培养目标的出发点和归宿点。

2. 以培养应用型人才为目标

所谓应用型人才是指能将专业知识和技能应用于所从事的专业社会实践的一种专

门的人才类型，主要指熟练掌握社会生产或社会活动一线的基础知识和基本技能，主要从事一线生产的技术或专业人才。应用型人才培养是指是以能力为中心，以培养技术应用型专门人才为目标的培养方式。应用型人才培养范式的具体内涵随着高等教育的发展而不断发展。本科阶段的应用型人才培养，既有着普通本科教育的共性，又有别于普通本科的自身特点。它更加注重的是实践性、应用性和技术性。

培养应用型人才目标，是适应当前人才需求和应对国际竞争的良好尝试，高校在办学的思路上更应该面向本地区科技与经济发展，面向企业技术生产一线，紧靠政府和行业办学，坚持为地方经济和社会发展培养应用人才，争取地方的大力支持。

3.以培养多元化人才为目标

从人的发展上来说，人的多元智能发展是否好，关键在于培养和开发。而这种开发需要建立一种相应的教育体系和培养模式，即通过多元的教育促进大学生的多角度发展。从社会经济看来，经济的多元化对各类人才的规格、层次、要求也是各种各样，同一模式下的人才不可能满足社会多样化的需求；人的个性、智力、需求、追求的目标以及愿意付出的代价也不尽相同。只有多样化的人才培养目标才能满足更多人的不同的学习需求；从国际看，高等教育大众化的过程与高等教育多样化的过程是紧紧联系在一起的。美国学者马丁·罗特在论述高等教育发展阶段时提出，随着高等教育规模的扩展，高等教育必然发生质的变化。马丁·特罗对高等教育多样化的定义是：对应于规模的扩大，新阶段的要素成为制度和结构，并且整个高等教育多层化、多元化的过程。高等教育大众化对多数人来说，是增加了入学机会，而高等教育的多样化则是用尽可能多的方法提供适合人们需要的高等教育。

三、坚持以就业为导向的人才培养的基本原则

在正确理解人才培养改革科学内涵的基础上，为了更加顺利地进行人才培养模式改革，帮助大学生就业，满足社会需要，需要坚持以下四点原则。

（一）坚持"以学生为中心、因材施教"的原则

搭建以就业为中心的人才培养模式，为坚持此方向，在建设过程中，在人才培养模式改革过程中，应遵循以学生为中心，因材施教的原则。学生与教师是构成大学人才培养不可或缺的两类主体，教师是教的主体，学生是学的主体。离开任何一方，大学就不再为大学，人才培养就不可能进行。因此，以人为本的教育理念包括"以学生为本"与"以教师为本"。教师和学生是人才培养改革的主要参与者，也是改革成效的展现者。因此必须充分发挥教师和学生的积极性、创造性，把学生的个性发展、素质提高看作模式改革的出发点和归宿。我国科学发展观的本质和核心是坚持以人为本，同理，高校落实科学发展观的关键就是坚持以育人为本。以学生为本，为促进学生的

全面发展创造条件，是高等教育改革发展的根本原则。在学习、教学中都得坚持这个原则，促进学生的个性发展。随着我国高等教育逐步普及以及费用自理的方针，外加上学生自主就业及就业压力增大，学生的主体意识会明显增强，他们的个人发展需要与欲望也会越来越强烈。我们必须把握这一点，承认并尊重学生的主体性，以学生为中心，使学生成为人才培养模式改革的积极参与者、推动者和受益者。

所以，在构建人才培养模式的实践中，要体现教育合乎人性这点要求，学校办学必须坚持"以人为本，学生第一"的原则，尊重学生的权利，发挥他们的潜能，提高他们的素质，走一切为了学生的利益，一切着眼于学生的发展，一切落实于学生的成才，进而满足就业需求之路。

（二）坚持以特色求生存、求发展的原则

任何一所大学都不可能办齐所有学科，也不可能在所有学科领域都保持一流的高等教育，也就是说一所大学不可能培养出各种人才。这就要求高等教育依据自己学校的实际情况，充分挖掘利用自己手中的办学资源，根据自身能力，量力而行，抓住人才知识结构和能力体系某些方面有所突破，办出自己的特色，形成自己的优势。这才是依托科学合理的人才培养模式，加快院校发展，提高高等教育质量的条件和基础。特色是教学质量的表现。一些新建本科院校在师资力量、教学条件、科研水平等方面，可能不如其他老牌大学，但突出办学特色，提高教学质量，却完全可能。中国有句古话，叫作有所为有所不为，讲的正是特色问题，也就是扬长避短，要做到"人无我有，人有我特"。然而，在实施教学过程中却常常按部就班，犯平庸性的错误。因此，学校为了在激烈的竞争中胜利，人才培养模式改革应当坚持以特色求生存、求发展的原则，发挥个性和特色的优势所在。高校一定要从现在开始将其作为一个明确的努力方向。只有认清优势，找准定位，与时俱进的同时，保持自己的个性，不盲目跟风，办出自己的特色，展现自己的水平，才是找到自己生存之路的方法。周济部长指出，各个学校要根据社会的需要，正确定位，培养不同层次的人才，满足人的个性发展。各种各样的学校一定要有不同的质量要求，改变千校一色的局面。《中国教育改革和发展纲要》一文中指出："高等教育的发展要区别不同的地区、科类和学校，确定发展目标和重点。制定高等学校分类标准和相应的政策措施，使各种类型的学校合理分工，在各自的层次上办出特色。"可以看出，高校的核心竞争力在于它的办学特色。要想在竞争中立于不败之地，就必须坚持以特色求生存、求发展的原则。

（三）坚持以经济为依托，社会需求为导向的原则

高校教育不可以脱离社会而单独存在，社会发展以及经济发展也离不开高等人才的帮助，高等人才的培养离不开良好的教育。社会的发展和科技的进步，高等教育从社会的边缘走向中心，高校人才培养与社会的联系和交流日益广泛。两者属于共赢关

系。因此，高等教育人才培养模式改革也需要坚持以当地经济为依托，社会需求为导向。在经济转轨、社会转型的急剧变化中，教育主体要把握好时代脉搏，找准社会需求所需，方能立于不败之地。就拿民族院校来说：他们主要是教学型和教学研究型大学。教学研究型高校以培养复合型、应用型的人才为主；教学型高校培养的是面向基层、面向生产第一线的应用型人才。基于此，为了适应社会的需求，民族院校应根据市场的要求进行相关改革，找准自己的办学定位、发展目标、办学性质和服务方向，确定人才培养的目标、规格，构建合理的知识、能力、素质结构，培养面向基层、高质量的应用型人才。其他院校的发展也是如此。在进行人才培养模式改革过程中，高校应根据国家和经济社会发展对人才的不同需求，以市场需求为导向，给自己明确的定位，确定人才培养的目标、体系以及过程，培养出高质量的人才，满足市场需求。另外，社会市场处于急剧变化当中，这就要求高校随时做好准备，对外界环境的变化迅速地做出反应，改变过去"象牙塔""闭门造车"式的人才培养模式。总之，高校在进行人才培养改革时，要更多地从学校与社会环境关系的角度来策划相关改革，以市场需求为导向。只有这样，人才培养模式的改革才能赢得主动，产生更大的力学效益。何以体现时代脉搏，就是要有根有据地进行改革，以适应市场需要。因此，高等教育人才培养模式改革，需要教育者把握时代发展潮流和趋势并根据知识经济对教育提出的挑战。一方面，必须培养创新人才，实现教育的个性化；另一方面，努力实现科学与人文的融合，使受教育者成为一个对世界有用的、和谐发展的人。

（四）坚持人才培养整体优化原则

高等教育人才培养模式改革需要实现模式的整体优化。整体优化体现在两个方面，对于个体发展而言，要根据知识经济的特点，明确大学教育在进行专业教育的同时，承担着专业素质之外的综合素质培养的任务，以文化素质教育为切入点全面改革现有的人才培养目标、培养规格、课程设置于培养计划，形成既符合社会对人才发展的需求趋势，又体现大学自身特色的人才培养模式。根据系统论"整体大于部分之和"的原则，人才培养模式改革成功需要坚持人才培养模式的整体优化的原则。人才培养模式研究的特殊对象是一种"大教学过程"，有别于普通教学论的微观教学过程。人才培养模式自有其构成体系，从横向和纵向有不同的逻辑层次，人才培养模式意义上的大教学过程与实践形式中的人才培养方案和教学计划这个层次相对应，包括人才根本特征、规格、专业方向的规定，整个通识教育与专业教育课程体系的规划和设置，培养途径和环节等。另外，人才培养模式的改革必须与学校内部其他改革整体推进。人才培养模式的改革涉及学校工作的方方面面，是一项系统工程，需要各部门、广大教师、学生和管理人员的通力合作。学校的各项改革必须与人才培养模式的改革紧密结合、协调发展。

总之，高等教育人才培养模式只有坚持以人为本，立足地方，与经济发展结合起来，发挥其办学之特色，在办学理念、办学风格、培养目标、学科水平、课程体系、管理方式（学生管理、教职工管理、行政管理）及校园环境建设等方面整体优化，方能在日趋激烈的就业市场竞争中，为自己吸引生源和各种资源，促进发展，赢得声誉，并提高自己的竞争力。

四、充实以就业为导向的人才培养的内容

（一）当前高等教育培养内容的缺失

高等教育要根据经济全球化的发展趋势，在世界高等教育视野中去探索和分析，按照时代发展的趋势与要求去建设，以"顾客满意为导向"予以评价。需要指出的是，传统教育内容不能满足就业市场对新的人才职业素养的要求，"学非所用"造成了学校所培养的学生与毕业生就业市场变化之间的突出矛盾，传统专业知识体系"塑造"的人才用不上，新兴就业领域所需要的人才十分紧缺。这实际就是高校培养的"产品"和"销路"不对接。简单地说，就是传统的"计划经济"体制下的教学内容已经造成"市场"的学生就业之间的矛盾。

因此，为了培养社会所需要的人才，我们必须实现人才培养模式同社会需求的对接，全面实施培养内容的创新，这也正是高校实现规模、结构、质量和效益协调发展的必然选择。正是为了适应就业市场激烈竞争的需要，我们按照"从出口往回找"的思路创建内容体系、以要素为单位建设教学资源，"从国际化"和"地方化"两个切入点更新内容体系，创新教学模式，增强应用型人才培养的社会"适应性"，以就业为导向，充实新的内容体系。

（二）就业视野下人才培养应有的核心内容

根据调研结果，立足于现实所需。本文提出就业视野下的人才培养内容应由以下几个模块构成。

1. 专业知识体系

专业技术能力是大学生综合素质和能力的主要组成部分，更是学生走向社会后就业和从业的基础能力，因此，对在校学生进行全方位的专业技术能力培养，是提高学生就业能力的重要途径。第一，在社会方面，随着专业分工的细化，企业对劳动人员的专业技术能力的要求越来越高。大学生专业技术能力的培养应紧跟社会的变化趋势，提高社会对专业人才需求的透明度，增强对大学生专业技能要求的指向性。第二，学校在不忽视学生综合能力培养的前提下，要加强对大学生专业技术能力的要求，适当增加物力、人力、财力以加强对学生专业技术的培养，为学生创造条件参与实践，将理论落到实处。第三，大学生个人要提高对专业技术能力的重视程度，从自身未来就

业出发，切实掌握本专业的基本技能。

另外，对专业知识的培养可以通过理论与实践两个途径展开。根据各个专业的特点与要求，在传授理论的基础上通过社会实践进行验证与知识的强化。在理论与实践结合的过程中，鼓励学生积极思考，勇于发现新问题、拓展新思路，敢于提出自己的真实想法。同时，在广泛的专业知识体系基础之上，识别自身的兴趣所在，培养自己的特长，做到一专多能。

2. 通识知识教育体系

通识教育课程是高校课程的重要组成部分，是与学校的专业课程相对应的一个概念，泛指专业课程以外的所有课程。通识教育课程的设置以通识教育的理念为指导，根据通识教育所要求的目标设计课业及具体的进程。通识教育体系的充分运用是增强大学生就业能力的重要保证。

（1）通识知识教育的重要性

一是培养高素质。通识教育是当前高等教育改革的重点，它以独特的教育理念适应了创新型人才培养的需要。大学教育担负着为社会主义现代化建设培养和造就高素质创新型人才的使命，是培养和造就高素质的创新型人才的摇篮。大学教育的质量和方式对创新能力的培养有重要的影响。通识教育是大学教育的重要组成部分，通识教育的科学合理设计有利于激发学生的创新潜能，培养创新型人才。二是培养健康就业人格的需要。通识教育是通识教育理念和通识教育实践的统一体，是高等教育的重要组成部分。它是一种内容广泛的、非专业性的、非功利性的教育，其目的是把学生培养成为健全的个人和负责任的公民，它的实质是"和谐发展的人"的培养。三是提升就业能力的需要。通识教育可以提升大学生就业能力。通识教育有助于构建大学生进行求职所需的合理知识结构。通识教育的内容涵盖自然科学、人文科学、社会科学三大领域，文理渗透，相互交叉，以基础性、理论性、综合性为特点，为人才的培养提供了坚实的理论基础。通识教育有利于学科交叉，有助于学生融合不同专业的理论知识，在整合的基础上重新建构自己的知识体系，激发学生的学习思维。

（2）通识教育的内容

通识教育以培养世界公民为目标，通过人文、社会、自然科学等方面的知识，培养学生综合运用知识，用联系的观点、世界的眼光分析问题、解决问题的能力。通识教育相对于专业教育更倾向于学生的个人价值，注重学生的全面发展以及个性的养成。就其性质而言，通识教育是高等教育的组成部分，是对大学生实施的非专业性的教育，就目的而言，通识教育是培养有社会责任感的、能积极参与社会活动的、全面发展的社会人和国家公民的教育；就内容而言，是一种广泛的、非专业性的、非功利性的基本知识和技能以及态度的教育内容。通识教育以"做人教育"为核心，包括以下内容：第一，做人的思维方式。通识教育的内容以"完人"教育为目标。大学通识教育之所以引起国际社会的强烈关注，也是因为人们在实践中逐渐意识到"做人""做事"都是大学教育必须承担的职责。追求真善美集一体的人格的形成也成了教育的终极目标。第二，对人的生存方式的理解。人是教育的主体，也是教育的主体，因此对人的不同理解直接导致不同的教育观念。

因此，通识教育的思想与实践，通过给予学生一个合理的知识结构和能力结构，促使学生形成个体主体性的基础上，成为一个对人、对社会、对自然负责任的"人"和国家的"公民"，具有强烈的责任意识和主人翁意识，成为一个共生型的类主体。做人教育同样也在寻求人自身生存方式的变革。通识教育不仅要教会学生做事，而且能正确地判断该做什么，不该做什么。

3.实践创造教育体系

实践是个体生存和发展的方式之一，对于教育而言，实践本身就教育途径和价值体现，实践教育是培养"就业"人才的必然选择。教育思想和内容的传递都需要特定的途径，教育途径的本身也是教育的内容之一。在常规的课堂教学里，就业型人才的培养需要依托综合实践和社会实践内容。实践是实现教育目的必备的途径之一，也是就业视野中人才培养的重要途径。实践是对课堂教学的继承和扩展，其基本理念是突出学生主体、面向学生生活、注重学生实践、强调就业能力。

要充实和拓展实践教育的内容，必须从三方面做起：①专门实践课程的开发。我国大学生，总体体现的是科研实践经验较少，理论水平高于实践水平。这与过去课程的设置传统有关，就业视野下的人才培养，重要的是职业实践能力。职业实践能力的培养需要专业的实践课程，学校可以根据行业岗位特点，开发专门的实践课程，可以模拟职业场景，根据专业实践教学打造和提供教学环境。甚至可以把课程直接搬到企业和公司，形成学校和企业二合一培训课堂。②加强传统实践教学环节。实践教学环节是整个教学过程中非常重要的环节，也是培养大学生实践能力的重要过程。一般包括实习、实验、毕业设计（论文）、课程设计等环节。在这个过程中要为学生的毕业设计和毕业论文提供有价值、有实用性、针对性比较强、密切联系实际的内容。相关内容要强化学生产学研相结合的思路，在教学老师的带领之下，培养学生实际操作能力，锻炼解决实际问题的思维，从而增强学生的就业能力。③补充课外实践活动。课外学术科技活动、高校社团活动、志愿者社会实践活动能够很好地锻炼学生的社会适应能力，成为主课堂外很好的实践补充。目前越来越多的学校注重学校的课外科技竞赛活动和大学生科学研究训练以及创业实践活动或比赛，学生通过参加实践活动，积累了实践经验，培养了创新实践能力、创新意识，为以后就业打下了坚实的基础。高校社团和志愿者活动适应了知识经济对创新人才的要求，学生通过积极参与可以展示青春才华，澄清社会价值观。

4.就业知识体系

高等教育具有的社会服务功能应该体现在利用多学科的人才聚集优势取得的高新技术上以及在生产领域的转化应用上。大学生能力资源是实现大学社会服务功能的媒介。大学生成功就业是人才资源充分得到开发的重要表象，"凡事预则立，不预则废"。对任何一个大学生来说，要想顺利完成职业生涯，在就业前接受系统有效的就业指导至关重要，大学生就业指导应兼顾学生的个人追求与社会需要，以期进行科学的职业规划，合理地选择职业。大学生就业知识体系在于帮助大学生客观地认识自己的现有状况，科学地规划自己的职业生涯，并帮助学生做好就业前准备，把价值观同知识的学习、素质的发展、能力的提高协调起来，把个人的追求与社会的需要结合起来。因此就业知识体系是就业视野里人才培养模式改革中重要的组成部分。[17]

---

17 罗莉蓉. 以就业为导向创新教育教学管理制度 [J]. 就业与保障, 2020（06）: 41-42.

第六章 新时期高校学生管理工作的创新取向

第一节 我国高校学生管理专业化及制度保障

一、高校学生管理工作

高校学生管理工作既是职业的一种类别,也是高校教育中的一项基本任务。高校的主要任务是培养高素质、高技能的人才,以满足社会发展对人才的需求,为国家的发展建设培养接班人。高校对人才的培养不仅是专业知识和技能的传授,还包括对学生的适应能力、人格形成、道德建设等多方面素质的培养。高校学生管理不仅为高校教学服务,更对学生正确道德观、价值观、人生观的形成具有重要的作用。高校学生管理工作经历了长时间的探索和发展,在管理体系、管理理念、管理方式和人员配备方面日趋成熟。

高校学生管理是一门实践性很强的学科,它将教育学、管理学、心理学等多种学科加以融合,具有综合性特点。随着教育改革的不断进行,高校学生管理工作不断地探索,不断地发展,已从单方面的强制性说教、灌输模式逐渐向以人为本、服务化和制度化的方向转变。高校学生管理工作涵盖范围广泛,以引导学生思想的正向发展、为学生生活需要服务、指导学生就业发展、对学生进行心理健康的维护等多方面的发展为工作内容。长期以来,国内的高校并没有将学生管理工作作为一个单独的学科,高校的行政化管理机制使工作在一线的学生管理从业人员仅作为管理工作的执行者,管理实权和自由决策力的缺乏,使其并不属于真正意义上的学生管理。这一点,国内与西方高校学生管理方面有很大差异,在本质和境界上都存在较大分歧。要从根本上提高我国高校学生管理工作,就应该向西方国家学习,走科学化的发展路线,既要有明确的管理目标、完善的管理体系、正确的管理理念,还要有高素质管理人员的职业发展与培训规划、方法,建立职业化、专业化、高素质化的高校管理工作人员队伍,这对于高校人才的培养具有重要的意义。

二、高校学生管理走专业化发展道路的必要性

高校教育是国家人才培养的重要行业，为社会各行各业的发展培养专门的人才，是国家发展的主要推动力量。任何一个行业的发展，都是从不成熟到成熟再到专业化的过程，每一种行业分工最终的发展趋势都是具体化、专业化。职业发展的专业化无论对于从业者本身的发展，还是整个行业的发展都具有非常重要的意义。学生管理的专业化是将学生管理工作作为一个专门的学科类别，同会计、法律、金融等专业一样，具有更强的专业性。从业人员也同其他从事专门性职业的群体一样，具有更专业的知识素养，为社会培养本行业的专门人才。现今我国高校学生管理工作对管理和被管理两方来说，是服务与被服务的关系，强调的是双方间的互动性。学生是服务的主体，占据着主动地位。为了满足对新一代大学生的管理需要，高校学生管理者必须了解现代大学生的心理特点，用更加专业的知识和理论，采取更加专业的管理方法，做好现代高校学生的管理工作。

传统的观念认为，高校学生管理工作者不需要像高校中的专业教师那样具有高学历、高知识储备，无论谁来干都可以胜任此项工作。其实从本质上来说，高校学生管理工作是集教育学、管理学、心理学于一体的综合性学科，其专业性更强，专业素质要求更高，而且从事学生管理工作的人员，还要具备丰富的实践经验。具体来讲，学生管理工作人员不仅具有教育学、管理学、心理学等学科理论知识的储备，还要具有能够亲力亲为指导学生的社会实践工作、学生的日常工作、学生的心理健康、学生学习生涯的规划、各种专业特色研讨会的开展、学生活动的组织以及学生就业指导等实践性强和业务性强的职业素养。

在国外学生管理工作从业人员都受过高校管理工作的专业教育，国家也会专门针对学生管理工作开展业务培训。在我国，学生管理工作从业人员素质参差不齐，理论知识储备欠缺，专业化程度低，而且执行行政式指令的工作模式，工作缺乏针对性，学生管理工作缺乏完善的管理体系和有效的管理制度，人员流动性大，学生管理工作很不理想。因此，学生管理只有走专业化的发展道路，才能从根本上提高学生管理工作的质量，为高等教育事业服务。

三、高校学生管理工作的专业化理念的建立

随着高校教育改革的深化，高校内部管理进行着根本上的更新和变革，学生管理工作已经呈现出专业化的发展趋势。职业经过分化和发展，必然形成专业，从而形成强调专业知识和技能的职业。从职业分类的角度分析，专业是指群体经过专门的教育学习和训练，具有高深的、独特的专门知识和技术，按照一定标准进行职业活动，从

而解决人生和社会问题，促进社会进步并获得相应报酬待遇和社会地位的专门职业，现今高校学生管理工作已符合职业专业化的标准。现在学校管理学知识体系日益完善，在国内的高等院校的教育学院都有教授教育管理学的内容，在一些高校管理中已经有自己特定的管理方式和技术形成。另外，在高校内部对学生管理工作从业人员的知识技能已经有一定的要求和标准，高校越来越重视学生管理工作从业人员的业务培训。从社会角度来看，高校管理职业在社会中已经作为一个职业阶层存在。

高校学生管理工作者作为高校教育管理专业人员，获得系统而明确的专业理论知识是专业发展的又一重要维度。高校管理的教育性、综合性与复杂性，要求高校学生管理工作者更应具有符合教育者、领导者和管理者角色要求的知识结构。专业理论是高校学生管理工作专业最根本、最直接的体现，它包括从业者的职业道德、行为规范以及高校学生管理工作者的专业态度和动机，而专业态度和动机又是专业特征形成和发展的动力和基础。自我专业发展意识是保证高校学生管理工作者不断自觉地促进自我专业发展的内在主观动力。

四、高校学生管理工作专业化的制度保障

高校学生管理工作受多方面因素的影响和制约，学生管理工作制度不仅是高校学生管理工作中最重要的影响因素，而且是学生管理工作开展的基础，为学生管理工作的贯彻落实提供制度支撑和保障。对于高校的发展而言，不但要加强硬件方面的建设，努力提升学生管理工作的实用价值和实际效果，在软件方面要建立健全学生管理工作制度，为学生管理工作的开展提供有力的制度保障。[18]

（一）以制度形式明确学生工作管理的地位

高校出台的一系列的制度、规则或者年度工作规划要明确学生管理工作的地位，不仅为学生管理工作提供制度支撑，还要有一定额度的配套服务经费的划拨，在经济上给予支持，从制度和财力、物力等方面共同为学生管理工作的有效、健康发展提供支持和保障。随着教育形势的发展，高校学生管理工作应该与时俱进，根据形势的变化及时做出调整，使其与社会和教育的发展相适应。在现今社会上普遍存在一种现象，学生在校期间对学校的管理认可并服从，但是走出校园步入社会后，受社会转型期的影响，加上经验的欠缺，对社会现象缺乏自我辨识能力，导致缺乏主见，将在校期间学生管理给予的意见和指导忘记或忽略。因此，明确学生管理工作在学校总体工作中的地位，遵循学生管理工作的服务宗旨，建立健全相关人员准入、考核、评比机制对提高学生管理工作十分重要。

---

18 刘明一.高校学生管理专业化及其制度保障研究[J].教育信息化论坛，2018，2（10）：63-64.

（二）以制度形式确保学生管理工作岗位的职业化

高校学生管理工作岗位具体包括对学生进行思想政治的管理、心理健康的管理，为学生就业提供指导、进行法律法规教育、进行学生社会实践管理等。这些工作细化到学生管理工作的各个部门，对于部门岗位，应该建立明确的制度和规则，为管理工作的执行提供保障，确保岗位工作人员具有过硬的专业知识和专业技能。岗位人员在选拔和聘用的过程中，除了理论基础知识以外，对于思想政治岗位的工作人员要求具有本专业的知识素养；心理健康管理岗位的工作人员要求具有心理辅导的经验，并通过国家认可的执业资格认证考试；在法律教育岗位的工作人员要具有法律专业知识并具有丰富的经验，这些岗位都需要有规范的制度提供保障。

（三）采用艺术性学生管理模式、制度激励创新

高校学生管理工作的主要对象为大学生，大学生是青年群体中的典型，具有自身的特殊性。在大学生群体中工作，为他们提供服务，对各种事件处理的好坏直接对大学生人格的形成和社会认知以及人际关系的培养有重要影响。因此，艺术化学生管理培养模式，使学生在接受学校管理工作过程中，不流于表面，而是发自内心的认可。将教育管理深入打动到学生的内心，使学生在社会交往的层面得到正确的认知，这是学生管理工作的意义所在。以制度化的形式采取适度的激励，使学生管理工作人员优秀的工作表现和成果受到认可和鼓励，会激发工作人员的工作积极性，对工作更有兴趣，勇于创新，从而在整体上提高学生管理工作的质量。

综上所述，高校学生管理工作的职业化强调高校学生管理工作是一个独立的社会职业，而其专业化则要求提高高校学生管理工作从业人员的专业水平。通过高校学生管理工作专业化，进一步发展高校学生管理工作的专业精神、专业知识、专业能力和专业理论，提高高校学生管理工作者的专业水平。

第二节 我国高校学生管理体制的发展趋势

高校学生管理的目标应是促进学生发展，同时包含教育、管理、服务职能。在未来学生管理过程中以生为本，充分发挥高校学生管理的育人功能，注重学生思想品德素养，促进学生自主发展，采用服务型行政事务管理方法，满足学生合理性需求。高校学生管理者在学生管理过程中只是起着辅导的作用，充分体现学生的主体地位，信任学生的自我管理能力，以"思想政治教育+服务+学生自主发展"为理念开展学生管理。

一、未来高等教育在校学生的特征

（一）个人自主意识彰显

随着改革开放的不断深入，市场经济体制的确立，社会经济利益分配沿着竞争规律流动，市场经济的一个突出特点是按照市场法则平等竞争。社会政策对个人利益表示承认和肯定。因此，市场经济不仅从经济上要求独立个人的形成，而且在观念上要求强化人的主体意识。

当前以及未来的高校学生处于市场经济大环境下，应具有较强的自主意识。这种自主意识一方面表现为要求对自身价值、自我尊严的追求；另一方面，表现为自我意识、民主意识、平等意识等新观念的勃兴。就业市场的竞争，使学生关心个人发展机遇，自立、竞争、公平、效率等时代意识强烈，使高校学生更加注重自我完善，表现出对市场经济亟需的新知识以及新技能强烈的求知欲。高校学生积极思考并明确自身价值，及时确定人生坐标，最大限度地实现自我价值。面对自主意识不断强烈的高校学生群体，需要更新高校学生管理理念以符合学生特点，树立"思想政治教育＋服务＋学生自主发展"的学生管理理念，促进学生发展。

（二）注重个人创新意识培养

未来的高校学生首先具有较强的自主意识，其次注重个人创新意识培养。创新是一个民族进步的灵魂，是一个国家兴旺发达的不竭动力。1998年，世界高等教育大会提出，"培养学生首创精神和学会创业，应引起高校的重要关注，目的是使毕业生更容易立业。高等学校的毕业生不再被称为求职者，相反，他们将成为创业者"。21世纪是知识经济的时代，知识质与量的不断更新与增加，技术革命成果不断涌现，要求高等教育必须把重视创新精神、注重实践能力、突出个性特色的人才培养作为我们未来工作的重要目标。

随着我国不断推进经济发展方式的转型，致力将我国建设成创新型国家，而这需要创新人才的大量涌现。作为21世纪的高校人才，应该具备创新精神。未来高校对优秀学生的界定不单只看学习成绩，创新意识应逐渐成为评定学生优秀与否的参考依据。学生对事务所持有的兴趣与好奇心，是培养学生创新意识与创新精神的前提条件，因此，要激发学生的学习兴趣和好奇心，高校在学生管理过程中应做到以下四点：第一，营造利于学生独立思考、自由探索、勇于创新的良好校园氛围，尊重学生的个人选择，善于挖掘学生个人的潜力，鼓励学生个性发展，自主发展；第二，建立有利于选拔创新人才的制度；第三，制定评价创新人才标准；第四，制定灵活多样的课程选修制度，给予高校学生条件支持，开展国际合作等方式，从而培养具有创新精神和创造能力的人才。

二、"思想政治教育+服务+学生自主发展"的学生管理理念

存在主义哲学理论与学生发展理论是学生自主发展理念的重要理论支撑，未来高校学生中应以哲学和心理学理论为基础，树立"思想政治教育+服务+学生自主发展"的学生管理理念。

（一）"思想政治教育+服务+学生自主发展"的学生管理理念理论基础

1. 存在主义哲学理论

存在主义强调人的存在先于思维、行动，重视个体独立性的存在。人不仅存在理性的一面，还有非理性的一面，追求的是多样的发展，而不仅终身教育视域下我国高等教育管理体制研究只是掌握更多的理性，尽管个人发展方向不同，但自我提升的权利是平等的，因此，应相信每个人自身都具备独立性、责任性和社会性。存在主义认为，学生管理者应激发学生的主观能动性，培养学生的独立性、责任感和社会性行为，为学生的学习提供便利，促进学生自主学习。学生管理者应为学生自我合理需要提供服务，与教学工作者一起为促进学生的自主发展而共同努力。

2. 心理学理论

时至今日，美国心理学理论已相当成熟，我国也不断向其学习、吸收、借鉴。学生发展理论对高校学生管理工作有着重要指导作用，其中主要是关于人的发展、认知和道德的发展。

关于人的发展，新精神学派艾里克森提出心理社会发展阶段理论。主张人的一生可分为连续而又各不相同的八个阶段，每个阶段有其特定的发展任务，并且带有普遍性的心理社会危机。大学生处于成年早期，这一成长时期的主要发展任务是获得亲密感，避免孤独感，良好的人格特征是爱的品格。尽管艾里克森并没有非常详细地研究大学生这个群体，他更多的是从出生到衰亡整个人生历程来划分和研究，但他认为，社会环境决定着心理危机能否得到有效的解决。

高校学生管理工作要根据学生相应的发展任务，提供学生需要的辅导，把握学生心理发展规律，帮助学生解决心理困境，传授有关心理知识与技能，增强学生的抗压能力，获得良好的心理特质，促进学生自主发展。

关于认知和道德的发展理论。美国心理学家皮亚杰提出认知发展的本质是适应，而适应的实质是主体与环境的平衡。平衡是主体发展的心理动力，人一生下来就是环境的主动探索者，不断地去追求符合环境要求的动态平衡。关于道德发展理论，美国心理学家柯尔伯格通过著名的海因兹偷药事件，根据被试者提供的判断理由，分析其中所隐含的认识结构特点，划分出道德发展的三个水平和六个阶段。柯尔伯格认为道德发展具有固定不变的顺序，环境和社会文化因素可以决定道德发展的内容和速度，

但不能影响道德发展顺序。

皮亚杰的认知发展理论和柯尔伯格的道德发展理论都说明了环境对人的认知和道德的影响，对于学生来说，学校这个环境有着举足轻重的地位。因此，高校的学生管理工作应借鉴学生发展理论，为树立"思想政治教育＋服务＋学生自主发展"的学生管理理念提供参考依据。

（二）"思想政治教育＋服务＋学生自主发展"的学生管理理念分析

"思想政治教育＋服务＋学生自主发展"理念主要基于哲学和心理学理论提出。党的十八大报告提出立德树人是教育的根本任务，为"思想政治教育＋服务＋学生自主发展"理念的实现提供了强大的支持。在学生管理实践中，高校要加强对学生的思想政治与思想品德教育，采用服务型行政事务的管理方法，促进学生的自主发展。

1.加强高校学生思想政治与思想品德教育

提出"思想政治教育＋服务＋学生自主发展"的学生管理理念，首先应加强对高校学生的思想政治与思想品德教育。从古至今，我国就一直重视学生的品德、道德。《左传》记载："太上有立德，其次有立功，其次有立言，虽久不废，此之谓不朽。"意思表示为，道德修养是人生的最高境界，其次是建功立业，再次是著书立说。树立道德是人生的第一位。学生的品德教育是教育家陶行知身体力行的教育，道德自律的办法是他在教育学生一贯的要求。当人们对自己的罪行或过失负有责任时，就会产生强烈的不安、羞愧和负罪的情绪体验，即内疚。内疚者往往有良心上和道德上的自我谴责，并试图做出努力来弥补过失。适度的内疚感有益于改善人际关系，更好适应社会生活，而过多地或者过少的内疚感不利于身心健康发展。因此，个人的道德是社会公德的基础，只有个人的道德建立起来，才有资格谈及社会公德。"光有品行没有知识是脆弱的，但没有品行光有知识是危险的，是对社会的潜在威胁。"教人做人是高等教育重要目标，高校学生要做有道德的人，只有在道德的基础上，才能做人中人，即做追求真理的真人，在追求真理的道路中，敢于做有创造的人，敢于作为真理而献身的人，将真善美的人格集于一身，是高等教育未来应追求的宏伟蓝图。

党的十八大报告首次提出立德树人是教育的根本任务，这种新颖的观念，为我国高等教育的未来发展指明了方向，并为指导学生管理工作提供有力的政策支持。对丰富高校学生管理理念而言，落实立德树人要坚持一切从培养创新人才出发，将科学精神、思想品德、实践能力和人文素养的培养贯穿于人才培养的全过程，着力增强学生的社会责任感，培养学生的创新精神和实践能力，加强学生的思想政治与思想品德教育。

2.采用服务型行政事务管理方法

设立完备的学生管理机构服务于学生需求，更直接地为学生学习提供便利，将高校学生事务管理与学术管理结合起来,共同促进学生学习和个人发展。学生与学校的关系是平等对话的关系,学校尊重学生的权利与人格,关心学生的学业进步、品格塑造与心理养成,通过各种服务性事务类的管理,为学生的学习、生活服务、自主发展提供保障。

3. 深化学生管理体制改革,促进高校学生管理民主化

我国高校管理制度不断地深化改革,推进民主化。赋予教授在学术事务管理中更大的决策权力,是未来我国高校管理走向民主化的突出表现。而推进高校管理民主化的另一重要表现是在高校学生管理方面,给予学生更多的自主管理权利。高校应从四个方面努力:第一,制定相关制度鼓励学生进行自主管理,在宏观上给予方向性指导;第二,鼓励学生参与高校学生具体事务管理;第三,鼓励学生成立各种社团,如学生会、青年志愿者协会、管理日常学生事务;第四,学校设有主管学生工作的机构,在宏观层面给予指导,负责审批学生社团,指导学生会的开展。学生管理是以学生发展为导向的教育活动,最终目的是服务于人才培养,学生得以成长成才。

通过学生自我管理从而促进学生自主发展,是高校学生管理的最高目标。高校在学生管理过程中需营造宽松的氛围,让学生自主发展,尊重学生个体选择,充分发挥学生的个人兴趣与特长,挖掘每个学生的优势潜能,这是未来高校学生管理所追求的。而要达到学生自主发展这一目的,需要在教育价值取向上确立个体人的生命价值,而不是强调教育的社会工具价值。树立正确的学生观,在学生管理过程中重视学生的需要、兴趣、创造力和自由,充分尊重学生的尊严、潜能和价值,重视培养学生的主体性,使学生成为有进取意识和创造精神的社会主体。

我们要将"思想政治教育+服务+学生自主发展"的理念贯彻到高校学生管理工作之中,不仅在观念上重视学生的思想政治教育,最重要的是将学生的思想品德教育落实到实际管理中去。采用服务型行政事务管理方法,满足学生各种服务型需求。高校学生管理者在学生管理过程中只是起着辅导的作用,充分发挥学生的自我管理能力。营造宽松的学习氛围。促进学生的自主发展。[19]

第三节 高校学生管理人本化取向体制的创新策略

教育的发展、管理制度建设的出发点就是要把学生的根本利益和发展放在首要位置,真正将以人为本的科学发展观运用到具体的教育管理实践之中,针对目前高校学生管理制度人本化缺失的问题,首先要从建构人性化制度着手,从促进学生全面发展

---

19 曹建军,凌娟,皮莉.浅议我国高校学生管理体制的改革与创新[J].企业导报,2016(02):36+38.

的角度出发，坚定"以人为本"的信念，赋予学生应有的权利并建立健全柔性管理机制，加强高校人本化学生管理以顺应当今高校学生管理制度的需求并弥补制度的不足。

一、坚持"以生为本"的管理理念

构建人本化高校学生管理制度，转变传统的高校学生管理思维，树立"以学生为本"的管理理念，实现学生的全面发展是现代高校教育的出发点和落脚点，实现高校学生人本化管理的制度是创新探索符合高校学生心理行为新特点的管理模式，是做好高校学生管理的基础和有效途径。"以生为本"的理念是人本化管理理念的题中之义，"以学生为本"应以满足学生需求、促进学生发展、实现学生价值为本，最简单的理解就是"把满足学生的需求作为学生工作的目标和核心"。做到以学生为先，把学生的培养放在高校一切工作的首要位置；以学生为重，不能因为突出科研工作、国际交流、教学质量等忽视学生管理工作；以学生为主，不仅充分尊重学生的主体地位，而且要在管理中以学生为主，让学生自我教育、自我服务和教育；以学生为荣，把培养高素质的学生和学生取得的荣誉看作各项工作最大的成绩。随着教育的发展、管理制度的改革，高校学生管理的出发点更是要把学生的根本利益和发展放在首要位置，真正将以人为本的科学发展观运用到具体的教育管理实践之中。

（一）坚持"以生为本"，构建生本位思维

长期以来，在高校学生管理工作中，管理者和学生这两个主体之间处于一种不平等的地位，高校往往把学生管理工作宏观看成高校工作的一个环节，从学校利益衡量学生的管理。相比之下，忽略了学生主体的需求，严重束缚了学生的自我意识、独立意识和主人翁意识。"以生为本"的管理理念，要求学生管理工作者打破传统的"以师为本"或者"以校为本"的管理理念，充分认清"我是谁""管理依靠谁""管理为了谁"，从学生管理工作的实际、学生这个核心群体的实际出发，考虑主体的根本需要，针对学生的特点，尊重学生的权利，侧重发挥管理者的激励引导作用，特别是在保护学生合法权利上，不能以片面的集体主义牺牲学生的合法权利，提高对每个学生个体的重视程度，使学生获得全面独特的可持续发展，使国家与学校的人才培养目标和学生的成长需求相结合，从而得到真正的统一。

（二）坚持"以生为本"，突显管理型服务

现代高校管理理念普遍认为对学生的管理实际上都是为学生的成长和发展而服务的。学生在发展的过程中需要什么样的管理，高校就应当把这种管理作为一种服务提供给学生，而不是把这种管理当作一种资本凌驾于学生之上。这种服务型管理把管理学生、教育学生和服务学生三者有机结合起来，特别是要突显管理服务于学生的理念。在管理制度建设、规章制度的定制上、管理者的管理实践和实施上都要摆正自己的位

置，树立管理服务而不是服务管理的意识。彻底改变过去片面强调学生对整体社会的价值义务，把学生的主体价值放在社会整体价值之内，充分满足学生的生存和发展需求，促进学生个人价值实现和集体价值实现的有机统一。这既是现代教育的发展趋势，也是新形势下实现管理型服务的现实需求。

（三）坚持"以生为本"，彰显个性化发展

由于内外环境的多样化，每个学生必然存在着不同程度的差异，并且这种差异很难随着主观意志的转移而转移。以生为本就是要承认并尊重学生的个体差别和个性差异，顺应学生身心发展规律，因人而异，因材施教。高校大学生都是具有独立思考能力的个体，是充满朝气和活力的，同时，这个群体也引起社会各界的高度重视，寄予厚望，因此，在尊重学生个性差异的基础上，还要从整个国家和民族的高度对学生进行引导、规范和管理。从学生个人的内外成长环境看，学生在个人认知和性格特点上都存在着差异，因此，在注重学生差异化的基础上，还要对学生个人的成长道路、思想道德等进行有针对性的引导。在学习和生活当中，需要让每个人的思想都能在这个群体中闪光，并不强调大家的思想高度一致，强调思想一致对一个大学的管理是非常不利的，完全不同的甚至对立的思想互相碰撞，这样的大学才是一个有创新机制的大学。

二、更新优化学生管理制度体系

制度伦理化和伦理制度化都属制度伦理研究的范畴。制度伦理化是指社会体制的道德性，表现为内在于一定体制的制度、法律、法规、政策、条例等所分配权利和义务的公平性和合理性；伦理制度化是指人们把一定社会的伦理原则和道德要求提升、规定为制度，并强调伦理的制度化、规范化和法律化。无论是制度的伦理化还是伦理的制度化，对实现当代高校学生管理制度体系都有理论意义和指导意义。

制度伦理化与伦理制度化是密切制度与伦理之间关系的两种不同的思维路向，前者重在对制度本身进行道德上的评判和矫正，通过内容的建构促使伦理原则和道德观念在制度中的渗透与落实；后者强调将某种社会倡导、公众认可的道德规范转变成为具有强制效力的制度。两者在管理秩序的重整与道德建设中发挥着各自不同的功能。在构建人本化高校学生管理过程中，制度的伦理化更应当成为制度优化、创新的首要选择。制度应该伦理化，不合乎伦理的制度是没有生命力的；同时，伦理也应该制度化，符合人们广泛认同的道德标准和审美取向的伦理通过制度化以后，更有利于发挥其作用。学生是高校最核心的主体，是高校服务的对象，高校的责任和义务就是帮助学生实现全面发展，现行的高校学生管理在理念和应用中都不同程度地违背甚至超越蕴含在高校学生管理中的伦理，而符合伦理的却还未形成制度。当前，高校正处于全面改

革的阶段，在高校学生管理制度创新的过程中要坚持制度的伦理化、伦理制度化"两手抓"。对不符合伦理规范的制度进行调整，补充符合伦理规范的新制度，本身就是一种重要的创新。

（一）更新学生管理制度体系建设理念

1. 融入文化管理机制

在高校学生管理的实践中，全面提高学生的自我约束能力和理性自主能力是高校管理发展永恒的追求。人类的基本行为是由文化来决定的，由于文化的变化很大，所以对人性唯一正确的判断是它的可塑性很大。人与文化的关系是密不可分的，文化可以塑造人，引导人，管理人。高校人本化学生管理就是要突出学生在学习和生活中的主动性、主体性和自觉意识，高校管理文化不仅包含育人理念、学术发展空间、办学特色等要素，也包含管理人员所形成的管理文化，每一种文化的形成都是多种文化主体互相协调、作用而成的，高校人本化学生管理最重要的目的是唤起学生的文化自觉性，用优秀的文化潜移默化影响学生的行为，最终形成文化管理。以文化来取代制度，当然不是取消制度，而是制度要人文化，具有人文色彩，充满以人为本的文化温情。因此，高校学生管理制度应该与人文精神、价值观念、行为准则和道德规范融为一体，得到学生对高校的管理理念和管理价值取向的高度认同，提升学生的使命感、责任感与荣誉感，增强学生对学校文化的向心力。刚性的制度管理为文化管理起到了重要的保障和支撑，文化管理使制度管理得到升华，文化管理充分体现了高校作为文化机构管理的科学化、人本化。

2. 建立柔性化管理机制

传统的高校学生管理理念强调的是对大学生的思想和行为进行严格的要求和规范，强制性特征明显，学生管理部门和管理者往往对学生采取"压"的硬管理方式，直接导致管理者和被管理者在情绪方面的对立。因此，要把传统的服务于管理的观念向管理服务的观念转变。建立柔性化的管理机制要做到以下几点。

第一，就是要建立"以学生为服务主体"的观念，把服务学生作为出发点和归宿点，想学生所想的最主要的问题，关心学生关心的最主要的问题，解决学生最渴望解决的问题。

第二，柔性化的管理机制要把激励、引导当作学生管理的主要手段，通过制度上的激励，引导学生树立远大理想抱负，专注求学，养成科学的思维方法，特别是在学生的思想"总开关"上下文章，指引学生把个人的成才梦和伟大的强国梦有机地统一起来。

第三，柔性管理机制的建立要把学生的主体创造性放在重要的位置，不能像过去那样，只谈义务不谈权利，要明确地告诉学生在校期间享有的合法权利和应当履行的义务，把权利和义务写进制度的高度并加以保护，在保护学生的权益方面，特别是在针对学生的处分决定，要做到程序正当、证据充足、依据明确、定性准确、处分恰当，避免学生和管理者产生硬性冲突，学校对学生的处分或处理要认真贯彻《普通高等学校学生管理规定》，学生享有陈述、申辩和申诉的权利，学校要有明确的程序并予以确保。

第四，建立柔性化的管理机制要发挥学生主体能动性，变被动管理为自我管理。高校学生管理工作应当充分发挥学生的力量，变被动服从管理为主动参与管理，这种转变是民主理念的要求，也是缓解消除高校学生管理中矛盾和抵触情绪的重要手段，这种管理不仅促进了高校学生管理的发展，而且培养了高校学生骨干的能力素质，这种依托自我的管理有助于高校学生培养自主、自立的意识，逐步消除对家庭、社会、学校的依赖，使学生在思想上得到进步。学生参与到管理中也是对管理工作理解的过程，通过这种过程高校学生不仅得到的是能力素质的锻炼，更是对制度存在的主观情感的转变。

第五，柔性管理机制的建立要与高校文化繁荣发展接轨。近年来，高校文化在社会文化大繁荣、大发展的背景下呈现出多样化发展，这种软的因素对学生心理和思想因素的影响也日益凸显。从正式上讲，这种文化的导向集中体现在大学精神的凝练上，非正式来说就是存在于高校各个角落的文化活动中。这种蕴含在文化活动中的价值引导力，最容易被学生接受，对学生的作用力不容忽视。因此，在建立柔性管理机制的同时，应当深刻把握文化对学生产生的深远影响，特别是在西方文化大肆腐蚀青年学生的背景下，更要在意识形态领域加强对学生的管理服务。

3.建立制度反馈机制

及时做好学生意见的处理工作，是新时期制度改革所面临的重要任务。高校要建立健全有效的学生制度反馈机制，在信息交互和反馈的过程中，学生意见的反馈和解释直接关系到制度的合理性、执行力与落实情况。学生与管理者之间可以相互表达自己的想法、倾听他人的意见，有利于达成共识并形成共同的愿景。学校应该设立学生管理制度反馈部门，收集学生对学校管理制度的意见，高校各职能部门将收集的信息进行分析整理，研究并制订改革方案。同时要做到反馈及时化、经常化、规范化。学校有权向学生公开学校工作计划、进程等相关内容，学生应享有对高校各个职能部门的监督权，确保高校管理制度民主化、规范化。高校要以人为本化的角度对学生权利制度进行完善和重构。

（二）优化学生管理制度体系实现途径

为了进一步推进人本化高校制度建设的进程，顺应我国国情和时代的要求，应从以下几方面进行构建和完善。

1. 推进政校分开、管办分离

将现代学校制度的实施进一步深化，积极探索适应我国高校实情和学生发展的管理制度，从宏观的角度，要努力构建政府、学校、社会之间的新型关系。克服行政化倾向，改变当前中国高校的隶属关系，把高校从国家的行政体制中脱离，取消实际存在的行政级别和行政化管理模式。

2. 落实和扩大学校的办学自主权

围绕《高等教育法》规定的七个方面的办学自主权，以转变职能和改变隶属关系为重点，加强高校在办学方面的选择。具体来说，"要自主开展教学活动、科学研究、技术开发和社会服务，自主设置和调整学科、专业，自主制定学校的规划并组织实施，自主设置教学、科研、行政管理机构，自主确定学校内部收入分配，自主管理和使用人才，自主管理和使用学校财产和经费。同时要大力支持高校开展国际交流合作，提高国际化水平"。

3. 完善学校内部治理结构

完善党委领导下的校长负责制，形成科学有效的决策方式。完善大学校长选拔任用办法；发挥学术委员会在学科建设、学术评价、学术发展中的重要作用。探索教授治校的有效途径；加强教职工代表大会、学生代表大会建设，激发学生参与管理的内在动力，发挥群众团体的作用，积极借助社会力量加强学校的学生管理。

4. 加强大学章程建设

教育主管部门要积极落实对大学章程的审批工作。及时出台相应的大学章程报送审批制度，制定各类学校的办学标准或按学校类别出台不同类型学校的章程样稿。多种形式宣传大学章程的价值和相关理论知识，提高相关主体对大学章程的认识和建设大学章程的自觉性。大学内要提高对大学章程的认识，成为学校章程建设的表率和领军人物。学生管理的相关主体通过多种形式加强对大学章程的认识。

5. 扩大校企合作

探索建立高等学校理事会或董事会，健全社会支持和监督学校发展的长效机制。一方面，是在学校建设的物质投入方面和项目研发方面，加强和企业合作促进知识的价值实现；另一方面，在人才输送和学生就业方面，通过和企业的合作，帮助学生树立正确的目标和价值观念。

6. 推进专业评价

鼓励专门机构和社会中介机构对高等学校学科、专业、课程等水平和质量进行评估，通过定量、定性的指标和不确定性指标的综合衡量，包括学生和家长的满意程度，学生的就业、发展情况，形成中国特色学校评价模式。

三、发挥学生在管理制度建设中的主体作用

发挥高校学生在管理制度建设中的主体作用既是符合高校学生管理特征的现实需要，也是推进高校学生管理制度确实服务学生发展的必由之路。传统的高校学生管理制度建设，无论参与者还是制度本身的理念、内容，更多体现着校方意志和管理需要。随着现代高校管理理念被普遍接受和高校学生群体的自主性不断增强，传统的由管理者主导的制度建设越来越难以适应管理的现实需要。当前，高校学生管理必须根据新时期大学生的年龄特征和心理特征，充分调动和激励学生的内在积极性、主动性和创造性，确立大学生在对自身管理中的主体地位，发挥大学生在管理制度建设中的主体作用。"以生为本"的管理理念在制度建设中的体现就是要尊重学生的主体地位，尊重学生的主体地位首要就是承认学生的主体价值，学生作为社会上的人，除了要致力于实现社会的整体价值，作为成长的青年学生还要实现自我的价值，这种自我价值通常表现为对其自身生存和发展需求的满足以及对学生人权的尊重等。因此，在管理制度建设中，要充分认清并尊重这样的现实状况，不能像过去那样片面放大集体价值的实现，过分抵制高校学生自我价值实现，要在制度建设上尊重学生的主体地位，首要的就是要反映高校学生价值的实现。

应该推进依法治国在高校学生管理领域的落实，从法律上确定高校学生参与学生管理制度制定的权利，特别是让高校学生在涉及切身利益、敏感问题，如收费、处分等方面有充分的参与权和自由的发言权。其次，可以依托学生这个被管理群体，实现学生自主化管理，减少管理主体和客体之间的冲突。陶行知先生说过"最好的教育是教育学生自己做好自己的先生"，最主要的是在制度的内容上，给予高校学生更多自主管理的权限范围，确实把学生看作一个可以信赖的、能动的主体，在尊重学生意愿的基础上，实现学生的自我管理和自我发展。最后，还应当依靠学生构建制度建设的矫正机制。实践是检验真理的唯一标准，人本化高校学生管理制度建设中，必须在管理实践中不断发挥学生的主体作用，及时收集反馈制度建设存在的不足，坚持以学生的发展作为出发点。学生主体也应当在矫正机制中起到主要作用。

当前，高校在学生管理过程中最重要的任务就是要增强其管理服务意识，传统高校学生管理制度的影响还长期存在，要真正体现学生的主体意识还要彻底解放思想，要从传统的社会价值向注重学生的全面发展转变。学生实现自我管理的意识，学生地位由传统的管理客体向管理主体转变。特别是在制度建设中，充分地唤醒学生的主体意识，激发他们的积极性和创造性。

四、推进学生管理的差异化与个性化

高校学生群体多样化已经成为高校最主要的特征之一，集中体现在每个学生的成长环境差异、发展需求上的差异等方面，要求在高校学生管理制度建设中正确把握其共性和个性，特别是对特殊学生群体的政策在制度建设上应当进一步完善。主要针对特困生群体、关系不良的学生群体、成绩落后的群体、不被重视的学生群体、待就业的学生群体、情感受挫的学生群体、意志薄弱的学生群体、适应能力差的学生群体、少数民族群体等应当有相应具有针对性管理制度和措施，这些群体中不同程度存在对高校学习生活消极被动，容易焦虑和自卑，不愿和同学相处，甚至是极容易受到高校环境中负面因素的影响并出现悲观、绝望、无助、空虚等心理，在制度构建和管理实践中必须突出这些管理的重点和难点。

全面开展大学生特殊群体普查工作，了解和掌握他们的真实情况。在加大日常管理的力度的同时，还要特别注重以下几点。

第一，要更新高校学生思想政治教育的内容和体系。传统的高校学生思想政治教育还存在着少数人对教育的认识不到位，教育的针对性不足，资金投入不够，政治理论课的实效性不强、感染力不够等问题，部分高校认为评定学生培养质量的唯一标准就是学生的学习成绩严重制约了学生的全面发展。人本化高校学生管理要求高校把思想政治建设摆在各项工作的首位，贯穿在高校育人的全过程，成立专业的高校学生思想政治工作队伍，探索完善适应新形势和高校学生新特点的学生思想政治教育领导机制和工作机制。帮助高校学生特别是特殊学生群体树立正确的人生观、价值观、世界观，树立崇高的理想和道德追求，特别是要提高高校学生辨别是非的能力、忍受挫折和逆境的能力，学会正确地对待和处理学习和生活中出现的实际问题，学会融入环境实现发展。

第二，要健全高校学生心理疏导工作机制。高校学生中的特殊群体往往是心理问题多发的群体。当面对理想和现实的差距时，他们或多或少会出现失望、焦虑等负面情绪。如果自我调节无法消除这些负面情绪就容易发展成为心理问题。因此，高校学生的心理疏导工作必须立足于帮助学生解决实际、现实的困难，消除心理的困惑，使其心理和人格向健康的方向发展。一方面，应当建立完善心理咨询机构，并且让这种咨询机构流动起来，服务在高校学生特别是特殊群体之间，主动靠上去做工作；另一方面，应当对教师、学生管理者甚至是学生干部开展广泛的心理疏导相关培训，把心理疏导能力作为衡量高校学生工作者的重要指标。最主要的是要形成常态化的学生交心、谈心制度，及时了解学生的真实情况和实际想法。尊重每个学生的个性思想，立足尊重和促进学生的全面发展，做好心理服务工作。

第三，创造良好的人际氛围。高校有自己独特的文化和环境，人际氛围是由学生群体创造的，也影响着每一个高校学生。和谐、友爱、平等的人际氛围，不仅能陶冶学生的情操、开阔学生的胸怀，而且能消除或缓和人际交往上的矛盾。随着西方文化思想不断涌入，特别是个人主义理念不断冲击学生的思想和多年来构筑的精神世界，不良的社会风气在慢慢腐蚀部分学生的灵魂，消磨学生的意志。一些特殊群体，特别在融入高校学生群体中出现问题的学生，如果受到不良风气的影响，将会使其思想态度形成恶性循环。高校必须从思想上宣扬主旋律，把提高学生的道德水平作为基础，营造互帮互助、民主平等、宽以待人的人际交往氛围，消除学生群体之间的隔阂，消除特殊学生群体的孤立感。

五、完善大学生的维权机制

由于高校学生的利益纠纷往往局限在校内，因此高校学生的维权机制也应当立足于校内。在高校学生维权机制的构建中，虽然各个要素的地位和作用不同，但是整个机制运行过程中，每个要素之间都存在着非常紧密的联系，每个要素都体现着整个维权机制的综合作用和功能，都是为了最大限度地保护高校学生的合法权益。

高校要明确大学生维权机制的主体，进一步明确高校学生的权益由谁来维护，最主要的是要明确学生在高校中的地位和学生与高校之间的关系。高校应当主动承担维护学生合法权益的义务，不能像管理企业、教师、军人那样去管理高校学生，也不能把学生作为社会中的一般群体来对待，更不能忽视、小视高校学生的任何一项权益。作为学生管理者，不能把学生的管理简单地当作一种制度维护，必须时刻牢记自己是学生的服务者，是学生权益维护的第一责任人，高校的各个部门对学生的权益都有保护的义务，特别是不能因为学校的利益忽视学生的利益，为了部门利益侵犯学生的利益。学生是权利的主体也是维护自身权利的维护者之一，既要明确、正确对待自己的权利和义务，不能容许权益被侵害，也不能因为维护自己的权益而侵害学校或者其他学生的合法权益。

需要对相关制度进行维权。高校学生维权制度的建立是完善高校学生维权机制的关键。制度是高校学生维护合法权益的硬件，维权机制是高校学生维护合法权利的软件，只有软、硬件相结合才能确实保护好高校学生的合法权益。只有建立维权相关制度，高校学生的维权工作才有依据，才能有根本的保障，才能长期坚持下去。从现实上看，目前大学生的维权仅停留在学生代表会、校长信箱之类的反馈上，而不是在涉及学生权益时介入型，特别是在维权制度建设上基本处于空白，大学生维权制度建立的迫切性远远超过其他群体的维权制度。我国高校应当参考国外高校做法，在坚持完善原有内容的基础上，建立学生参与高校管理制度，让学生作为一个独立的群体参与高校各项规章的制定，特别是在涉及学生相关利益的问题上，保证学生的全程参与。建立监督制度，赋予学生权利来监督高校方方面面的建设，必要时应当建立社会舆论媒体监督高校的渠道，特别是在高校处分学生的时候，让学生充分介入。

此外，还应当建立相关的保护性、援助制度，保证学生在接受处理的过程中有依据为自己辩护，有地方为自己寻求帮助。最后，要建立维权的传感体系。信息之间的有效传递是维护高校学生利益的重要保障。不但能在侵犯学生利益行为发生时采取有效的措施制止，而且能够在必要的时候给予帮助和挽救。此外，高效的传感体系能够将种种矛盾逐步反馈，避免量的积累达到质的变化。在维权机制尚未健全的过程中，高效传感机制的作用是不可替代的。既要在学校的党政组织内建立传感体系，又要在学生组织中建立，并且要实现两个系统之间的有机结合。一方面，高校要努力形成以学生为主、为学生服务的意识，让学生有地方说出自己的想法；另一方面，要加强高校学生维权的意识和责任，不但能大胆说出自己的想法，而且要保证信息的真实性和客观性。有效信息的传递是维权工作变被动为主动的重要途径，也只有一个高效的传感体系，才能将维权工作落实到每个学生的身上。[20]

20　张丰韬.基于人本化取向的高校学生管理制度创新研究[D].西安：长安大学，2015.

第七章　新时期高校教师人力资源的创新管理

第一节　高校教师人力资源管理体制的界定与特征

高校作为人才高度密集的地方，无论是绝对数量、分布密度还是人才集中系数都比其他组织高出很多，并且高校是培养人才的重要基地，承载着为国家培养栋梁之材的使命。高校教师人力资源指高校中专任教师所具备的知识、技能、经验以及科研创新能力等元素的总称。高校教师除了具有其他组织人力资源特征外，还具有较高学历背景，较强自主创新能力和流动意愿、较大学习动力等特征。因此，在高校中，教师的工作是各项事业的核心。

一、高校教师人力资源管理体制的界定

（一）人力资源的界定

人力资源，顾名思义就是将人作为组织发展中的重要资源，而非仅作为管理对象。人力资源的产生是对人的一种重新意义上的定位。但迄今为止，对于人力资源的确切含义不同学者仍有不同解释。综合学者们对人力资源概念的争论内容，焦点集中在两处：一是人力资源的重心是指人本身还是指人的能力，二是如何限定人力资源的外延，也就是如何在"人"前加上科学严谨的定语。人力资源的核心是"人""能力"还是"人的能力"，重点要看对"人"的把握上。

若在一定时间内可以确定且人数相对稳定的情况下，人力资源的重点是能力，若是在不确定且人数相对不稳定的情况下，如一个国家或地区，人力资源则侧重对"人"本身的表达，前者倾向于对质量的描述，后者倾向于对数量的描述。我们一般提及的人力资源含义从能力的角度阐释更接近其本质，因为资源是财富的形成来源，而人在财富形成过程中的作用便是人所具备的知识、技能、经验等能力，所以从这个层面来说人只是能力的载体而已。

人力资源是指在一定区域内，一切可能成为生产性的要素，在现在和未来时间内投放到经济社会活动中的劳动人口的总称。我们可以看出，人力资源既有质和量的属

性又有自然和社会属性,具体表现在以下几点。

1. 具有能动性

一切活动都是以人的活动为前提,任何其他资源活动都由人的活动引发、控制和带动。

2. 具有收益递增性

在生产过程中人力资源与物质资源在收益上是反向的,人力资源递增而物质资源是递减的。

3. 具有社会性

因为人力资源的形成以及开发利用的过程都与相应的社会活动相互联系,是既受历史条件制约又会促进社会发展的一种社会产物。

4. 具有层级性

因为其个体所掌握的技术水平不等,层级自然不同,人力资源分为低中高三个层级,各层级中的工作人员在经过不同方式开发之后,其层级是可以发生转变的。人力资源在某种程度上是一种特殊资源,只有通过一定的有效激励机制才能被开发和利用。

5. 具有创造性

通过智力与体力相结合,不断促进社会向前发展。

(二)高校教师人力资源概念

高校教师在高校人力资源中处于核心地位,发挥着最重要作用,对高校全面发展及工作效能的提高具有决定意义。教师的个人素质及整体水平直接制约高校的教学水平、科研水平及办学效益。

1. 主观能动性

高校教师人力资源与其他资源的最大区别便是主观能动性。高校教师是高级知识分子,文化层次高,精神需求高,其劳动价值得到全社会的普遍认可,这在一定程度上激发了高校教师的工作积极性,并不断增强对科学知识的探索,对教学科研的努力,对事业的热爱。

2. 高校教师劳动成果在实现过程中需要较长周期

在政治经济学中,产品的价值取决于生产该产品的必要劳动时间。高校教师是抽象劳动力,蕴含较强的自主性,在很多方面享受自由,高校教师若像企业机关那样严格地按照指令进行 8 小时工作,管理难度系数会很高。高校教师工作对象是学生,所使用的劳动工具就是教师自身,劳动产品是所培养出的具有更多知识技能的人才。

我们可以看出高校的生产方式是人与人之间的相互作用,高校教师更是一种细致的精神产品生产者,他们将学术思想表达出来,进而影响学生的思考方式、人生态度、价值取向等,是对人所蕴藏潜能的一种无限开发。由此可见,高校教师的劳动价值转化成劳动成果需要较长的周期，而且是间接性积累的一个过程。

3. 高校教师具有流动性

人力资源的流动性是现代经济发展的重要标志之一，也是一种经济体制成熟与否、优秀与否的重要衡量指标。在市场经济条件下，人才流动促进人力资源的合理配置，高校教师面对日益增长的人才需求，为了实现自身的价值增值，便期望更好的发展方向和发展机会，因此，能够增加人才流动的内在驱动力。

（三）高校教师人力资源管理体制

1. 体制包含的内容

人力资源管理体制是指一个组织为了完成共同的目标和任务，人为地建立起一套进行领导、管理、保证、监督活动的组织建制和工作制度体系，是一种人工社会工程系统，简单地说，就是国家机关、企事业单位等组织制度。体制包含的主要内容有以下方面。第一，有层次的组织机构和组织体系；第二，各类各级组织结构权、利、责的限定；第三，各组织机构在处理与其相关的各机构之间关系的原则、程序与规则等；第四，不同机构的管理方式与原则；第五，各类机构应建立监督的程序和相关的规定。

2. 管理体制

可以看作是一个特定管理系统中所涉及的组织结构的类型和方式，即我们要确定采取的组织形式类型以及将这些组织形式科学合理地结合成一个有机系统，并通过对有效手段方法进行选择来达到最终的管理目的。管理体制内容可具体化为以下几点：第一，特定部门或企业对自身的管理权限、范围、相关职责、利益以及相互关系等准则的规定。第二，对组织管理机构的设置是管理体制的核心内容。第三，各管理机构中职权的分配和协调能力，直接影响管理效能的发挥，对于企业和其他部门来说都起着至关重要的作用。

3. 高校教师人力资源管理体制在范围上分为外部体制和内部体制

外部体制主要包含国家户籍制度、劳动人事制度、档案制度及教师资格制度等；内部体制则包括高校可以自主管理的事物，如选用合适的管理模式，设置相关机构及教师编制等。

内部管理体制对高效管理效率的提升起着至关重要的作用，当然，在一定程度上外部体制也会制约内部体制。例如，档案制度制约内部的教师合理流动制度，因为篇幅有限，只研究高校教师内部人力资源管理体制。当前我国高校教师人力资源管理内部体制还不够完善，仍然存在一些问题。这就需要我们探究人力资源管理体制的现状与成因，最终提出有效策略用以解决这些问题。

二、高校教师人力资源管理体制的特征

（一）管理方法多元性

高校教师人力资源管理最终目标是，在达到高校教师一定需求的基础上挖掘教师的创造潜能。高校教师思想的活跃性和知识的全面性决定了他们在自身需求方面有一定的要求，从而就需要有较为丰富多样的管理方法以及全面有效的管理手段来满足教师的合理需求。

在高校教师人力资源管理系统中，除了利用一定的奖惩手段和相关的制度之外，校园文化建设和环境氛围对高校教师的影响也是巨大的。因此，我们要实施多元的管理方法，从而最大限度地发挥高校教师的自主性和创新性。

（二）管理体制目标多样性

高校为国家源源不断地培养人才，创新知识，服务社会，扮演着社会"发动机"的角色。因此，高校在管理目标上是多元的，高校人力资源需求具有丰富性，这在一定程度上决定了高校对教师个人目标的实现也有多样性需求。

高效的人力资源管理体制应该是考虑多方面目标的实现，而不能仅仅拘泥于某一个目标的设定，同时满足个人目标和组织目标。深入考虑教师需求状况，为教师能够更好地工作创造良好氛围，引导教师构建合理科学的个人目标，将学校与教师目标整合起来，实现两者的最佳结合。

（三）不同管理理念的统一性

1. 制度化管理与人性化管理的结合

管理者的管理理念在高校教师人力资源管理中发挥着重要作用，虽然管理理念的不同会形成不同的管理模式、管理机制、管理体系等，也会在很大程度上影响高校的办学效益和办学方向，但不同的管理理念之间并不冲突，因为管理目标是确定的，在管理理念上是融会贯通的，只要做到吸取不同管理理念的优点，并将其结合起来，同时去除不相协调的部分，定能实现最终目标。因此，对于高校来说，一方面要加强人力资源刚性管理，另一方面又要顺应后现代性的要求，将柔性化管理也加入进来，实现制度化管理与人性化管理的充分结合。

2. 管理的本质与核心

成熟的高校教师人力资源管理体制，应该是规范化的管理，只有管理规范化才有行为规范化，使高校在管理上井井有条，包括规范教师引进机制、聘用考评机制，可以具体到规范课堂上的教学与教案设计，将无序变有序，这也是一切管理的本质与核心。

同时，高校教师具有劳动自主性和差异性的特点，在管理中高校领导者要将其充分重视起来，将柔性化管理融入教师管理体制当中。在高校教师人力资源管理中，首先要接受教师的个性化需求，高度尊重教师并采用与之相适应的恰当的个性化管理方式和手段，使教师在工作中得到认同和鼓励，这也是对教师教学、科研工作的重要支持。总之，要在适度规范化的基础上进一步给予教师自主权。

3. 提升整体竞争力

高校教师人力资源管理体制，是一种基于高校整体发展战略的人力资源管理模式和管理机制，它的重心是规划和实施符合高校长远发展目标的人才战略，将教师个人绩效与高校整体目标相结合，从而提升全校整体竞争力，实现高校办学效益最大化和社会效益最大化。当今社会，激烈的知识竞争使人力资源变成了价值增值的主要原动力，不同的管理理念具有统一性，因此，我们要将其结合起来，共同发挥作用，为提升高校办学效益贡献力量，这在一定程度上成为各大高校提升整体实力的迫切需要。[21]

第二节 我国高校教师人力资源管理体制的问题所在

一、我国高校教师人力资源管理体制现存问题

（一）人力资源管理模式缺乏创新性

目前我国高校教师人力资源管理范围主要包括教师的规划、招聘录用、培训、绩效考核、激励机制等日常事务。近几年来，高校教师人力资源管理模式在很多方面向西方发达国家学习与借鉴，一定程度上改变了传统人事管理模式落后的局面，提高了高校人力资源管理体制效率，但同时也出现了一些新问题。

1. 在管理模式上

我国高校教师管理缺乏创新性，在一些管理体制和运行机制上生搬硬套，没有找到高校教师管理与高校具体情况相结合的平衡点，使管理模式的效果不能充分体现。高校教师及其劳动的特殊性，决定了人力资源管理模式应该由自主性与制度性相结合，人力资源管理体制不能过于僵硬，否则容易扼杀高校教师创造力。

当前，高校教师人力资源管理机制中缺乏比较系统、完整的理论指导，各类高校制定的管理制度存在诸多问题，不同程度地影响了教师的招聘、任用与考核，高校教师的积极性不能被成功调动起来，严重阻碍了中国高教的发展。

---

21 李青. 高校师资管理研究 [M]. 天津：天津大学出版社，2019.

2. 激励机制

高校教师人力资源管理体制十分复杂,既要建立一整套有利于提高教师工作积极性、符合高校教师发展特点的法规、政策、制度,又要高校领导者和管理者共同努力构建合理高效的激励机制,持续增强高校教师工作热情,科学有效的教师人力资源管理模式应该能够对教师进行全面、系统评价,根据职务工作要求,考核教师对高校的贡献程度,同时由于教师性质的特殊性,在考核的过程中,应结合对教师的激励活动,以提高管理效率。

3. 科学完善的管理程序

当前,中国高校正在迅猛发展,高校师资队伍便呈现出多个层次,岗位不同、级别不同、职位不同的教师出现了差别化,因此高校采取一刀切的模式进行激励与管理是不合理的。教师人力资源管理不分对象、采用同一套考核标准来衡量所有教师,缺乏创新性。并且,许多高校仅在高层次人才上下功夫,激励管理制度不完整,没有形成完善的机制。科学的高校人力资源管理模式应该能够平衡各方面的作用,针对不同对象采取与之匹配的管理方式,互相补充,实现全方位科学完善的高校教师人力资源管理程序。

（二）人力资源结构失衡

由于近几年的连续扩招政策,各个高校教师资源的潜在能力几乎被发掘殆尽,在高校中普遍存在高水平教师队伍建设体系滞后的现象。相关调查显示,大部分省份高校的生师比接近甚至超过教育部18∶1的合格标准,高校教师人力资源配置效率低下。

1. 学历结构

学历能很直观地说明一个人接受教育的程度,并且可以潜在体现一个人的文化素质。学历结构是指教师队伍中各种不同学历的教师数量的比值。目前,高校中仍然存在部分教师通过不脱产学习取得学历,使实际水平与学历在一定程度上存在一定差距,这就反映出教师学历与高校人才培养目标不相符合,高校教师的学历能够在某种程度上反映教师相关理论知识的掌握程度和当前状况。同时,也可以体现出高校教师在科研教学等方面的知识发展潜力和创新能力,因此学历结构的不断调整也是十分必要的。

2. 师生比结构

师生比被定义为高校专任教师数与在校学生数的比值,师生比在一定程度上能够体现高教规模和人力资源的使用效率,在某种意义上也体现了高校的运行情况。因此,也将师生比作为衡量高校办学质量是否符合标准的重要指标。

由于我国的高等教育已经接近普及,高校目前的师生比已经超标,教师队伍数量不能适应高等教育的发展,同时也增加教师负担,影响教学质量及高校办学水平。

3. 年龄结构

调查表明，我国高校师资队伍仍然呈现出年轻化的特点，青年教师比例越来越大，这就意味着教师人力资源拥有巨大的可开发性，年龄结构对反映高校教师在教学、科研工作中的活力和发展潜力起决定性作用。但目前的状况是，学科带头人年龄较大且老教师人数较少，高校师资队伍的年龄结构不合理问题和学科梯队中后备人选不足问题仍然存在，这样持续下去，高校会在极大程度上面临高层次人才断层的危险，要加快解决教师年龄结构失衡问题。

4. 学缘结构

教师创新意识和创造能力在很大程度上受学缘结构的影响。学缘结构是指非本校毕业的教师和本校的教师之比。在很大程度上学缘结构可以直接反映高校教师的知识结构和学术视野。实践证明，教师队伍来源单一化会缺乏多种学派的交流与融合，少了沟通和交流便会造成学术气氛沉闷、范围狭窄，理论创新容易局限于一定的范围内，知识结构、教学内容不能及时更新和发展，从而导致教师自主创造性、知识创新能力很难发挥，学缘结构单一性，是我国高等院校的突出问题。

5. 专业技术职务结构

专业技术职务结构也可称为职称结构，是指高校教师人力资源中不同层次专业技术职务数量的配置情况，是衡量高校人才培养层次的重要标准，对高校教师的人员配置起决定性作用。职称很大程度上体现高校教师的学术科研水平，目前我国高校师资队伍普遍存在高职称和低职称人员少，中等职称人员多的"橄榄形结构"。

（三）高校教师人力资源隐性浪费严重

随着社会经济的发展，教育资源浪费的重要表现形式之一是人力资源的浪费。

1. 教师规模不适应发展

随着我国高等教育不断普及，招生规模逐年增加造成教师规模不能适应高校的发展。我国的生师比本应按照国家教育发展计划的15∶1进行规划，但现阶段还不能达到这个目标，教师数量上的相对短缺仍然是主要问题。有些课程的班级人数较多，再加上部分课程的教师相对缺乏，学生的学习效果不佳等情况影响高校管理效益。

此外，教师的教学科研工作沉重，过于忙碌的状态不利于进修和完善自己的教育教学理念与方法，也就无法保证科研的与时俱进，这使教学质量受到很大影响。

2. 没有实现适才适所

高校教师人力资源使用中"适才适所"原则不能充分实现，因为高校对教师的高学历要求处于盲目追求状态。近几年，高等院校的招聘条件日益抬高，部分高校的行政人员、教辅人员的招聘标准必须是研究生学历。当然，为了保证高校人才培养的质量、专门人才的培养以及科学研究工作的顺利进行，需要高水平高学历的教师担任，但是我们更应当看到，高校中的行政人员、实验技术人员等非教研人员的主要任务是辅助教研人员工作的顺利展开，因此在技能素质要求方面可以相对降低一些，只要知识技能、个人素质能够符合相应的岗位需要，就不需要以单一的学历标准来要求。

另外，在申请课题和项目方面，具有高级职称和高学历的专任教师申请数量多，会造成教学工作和科研工作不平衡的现象，这会影响高校学生的课程安排和教学成果。

二、我国高校教师人力资源管理体制低效的成因

（一）人力资源管理理念创新性不足

我国高校教师人力资源管理理念缺乏创新性。高校人力资源管理者在人力资源管理模式下，应当将"以人为本""以群为体""以争为机""以精为务"作为指导思想。

1. 以人为本

顾名思义，"以人为本"就是以培养和提高高校核心竞争力为中心，创造出以尊重教师为中心的良好氛围，努力去了解教师的要求、意见、需要、愿望，使教师在生活工作中可能会遇到的困难得以有效解决，让教师更加积极地参与学校的规划和决策中去，搭建科研教学生活平台，使高校教师融入学校发展的洪流之中，因此我们要努力改变管理理念，让"以人为本"观念深入人心。

2. 以群为体以争为机

我国高校教师队伍建设还处于初级阶段，仍有很多地方需要完善，"以群为体"总体来说，就是要从整体上谋划高校教师队伍的建设。"以争为机"，就是要建立人才竞争与激励机制，激发高校教师的工作积极性、创新和争先意识。但是，我国高校人力资源管理中竞争和激励机制不完善，仍存在一些守旧之处。

3. 以精为务

"以精为务"，是指人力资源开发与管理工作尚需要进一步探索和研究，要做到精深、精细，并且可以对教师资源进行全面开发和管理。将教师人力资源管理作为一项战略性管理并不是要否定人事管理的作用，而是需要将人力资源管理理念应用于人事管理工作中，服从教师人力资源管理战略目标。

当然，领导体制也需要创新，人事制度向人力资源管理体制转变必然要求高校教师管理领导体制随之改变，在人力资源管理模式下，高校教师人力资源管理对其未来的发展起决定性作用，在执行层面，人事部门还不能完全做到重新定位，因此，不断加强人事管理理念创新，使其服务于人力资源管理需要，成为高校教师人力资源管理必不可少的一部分内容。

4. 运行机制和体制创新

运行机制的创新也存在不足之处，如果说体制是解决事情的主体问题，那么运行

机制就是解决做事情的方法，同时也包括高水平教师的涌现机制，让教师充分发挥作用的建设平台，教师的聘用考评、激励竞争机制等。

除了制度和运行机制创新外，还存在常规管理与特殊事情管理的关系处理不好的问题。高校教师人力资源管理模式的创新能够切实将高校教师人力资源管理模式引向提高高校竞争力的管理轨道上来，要从体制创新和机制构建上着手，搭建一个能够让优秀教师不断成长的环境与平台，使优秀教师一旦离开所处环境就难以发挥作用，从而让高校不会因教师流出而失去竞争力。

（二）高校教师人力资源配置方式不当

1. 高校师资管理模式

一直以来都是与国家政治、经济等管理模式保持一致的，这种模式的形成主要和高校师资的形成有关，在高校就读的大学生或者研究生进入学校任当代高等教育管理与实践路径研究教师，都是按照学院教务机构制订的教学计划进行教学，接受上面划拨的教育科研经费进行课题研究，这种自上而下执行单一指令的行政管理模式，让高校的师资管理体制成为一成不变的定式，从而导致学校和社会的脱离。

虽然高校的师资管理体制也发生很大变化，但就整个管理体制来讲，基本上还是遵从统一的行政管理模式，同计划经济时的运行模式大同小异。这种模式曾经对整个高校师资管理起到过积极的促进作用，但改革开放以后这种模式与社会发展越来越不相适应，尤其是在经济体制逐步进入市场经济后，显露出越来越多的弊病，有人甚至将高校比作是市场经济体制下仅存的计划经济堡垒。

2. 人才配置失衡

由于在高等院校中，教师人力资源这种市场化配置还没有形成，所以高校人力资源配置的主要方式还是计划配置方式。由于市场配置得不到应用，而高校和主管部门又承担了比较多的人才配置职能，在某些方面也限制了高校人才的流通区域和范围，制约高校人才合理利用和个人发展空间。教育人才市场因为不能像社会人才市场那样灵活运作，不能很好地顺应社会发展的需求，缺乏对高校人才资源的合理规划、合理配置，不能及时准确地为高校人才提供所需的系统信息，不能为高校人才资源市场化配置提供正确的政策导向，所以导致高校教师人力资源配置失衡的现象严重，其原因有三方面。

一是在市场经济发展和结构调整下，不同市场间生产要素都要重新调整，但人才资源由于多种原因，如受观念、社会保障机制和分配方式等因素影响，不能很快在社会主体中找到定位并加以调整，这样就会导致传统学科人才大量积压、闲置以及新兴学科专业人才短缺的结构性矛盾。

二是高校由于长期受计划经济体制影响，存在许多人才知识结构不合理现象，呈现出知识、能力"单打一"的情况，与人才结构性调整要求不相符合。

三是高校人才流失严重，出现很多年龄断层现象，有的已到了无法维持的地步，这些结构性失衡加剧了人力资源使用效率低下的问题。

（三）人力资源聘用考核机制不合理

事实上，目前各高校对人才引进工作都十分重视，但仍然存在一些问题。

1. 更加注重数量，结构相对次之

一些高校不能从本校学科建设和教师队伍建设的实际情况出发制订远近结合、重点突出的人力资源引进计划，对要引进的人力资源层次、数量、素质、学缘结构等也不能做出科学的分析和论证，呈现出很大的盲目性。

2. 更加重视学历，能力相对次之

高校人才引进时倾向于引进高学历者，有时会出现对人才水平评判能力失之偏颇的状况，只是一味注重学历结构问题，而对人才在学科建设和个人发展方面的潜力不加重视。

3. 考评过于细化和量化

考核机制方面，目前各高校考核指标主要包括：发表论文、出版著作、授课课时，而且操作起来很有效，可以体现客观、公正的原则。但过于细化和绝对化的量化指标，经常会出现教师为论文著作篇幅和课时数量积累疲于奔波的现象，对教师科研水平和其他方面工作效率都会产生一定的影响，高校教师需要足够的时间去学习和进行深入的实践调研，量化考核指标更适用于简单劳动的激励，而不适用于复杂劳动的激励，毋庸置疑，任何高水平教学和学术成果都需要在时间上有一定积累。而且量化考核指标也不利于对教师"能动性""创造性"能力的激发，使教师工作趋于刚性，少了自主选择性。现行设岗聘任制采用的过度细化、绝对量化考核指标，在很大程度上对高校教师的自主创新产生了束缚和阻碍。[22]

第三节　我国高校教师人力资源管理体制的改革策略

一、人力资源刚性管理与柔性管理的结合

（一）刚性管理

刚性管理是指对组织中员工采取的一系列硬性管理，其中包括规章制度的设定。例如，从奖惩规则、纪律监督等各个方面对员工采取不同程度的管理，高校管理者通

22　田尧.高校师资队伍建设与管理研究[D].乌鲁木齐：新疆大学，2017.

过运用该理念来制定相关规章制度及行为规范，从而提升高校管理效率和管理质量。在管理过程中，不留情面，重视绩效和结果，照章办事，只是追逐管理原则和制度上的不断完善。刚性管理主要有以下特点。

1. 刚性管理缺乏一定的人本性

高校在制定各项管理制度和实施各项管理措施上，采取自上而下的管理模式，考虑事情更多地从高校工作角度出发，忽视教师的社会、文化、情感等因素会对其潜在资源的挖掘起到激励作用，很多时候学校的管理方法会背离教师意愿，从而产生一些负面影响。刚性管理习惯通过运用行政手段开展工作，把教师作为管理对象，忽视与教师的横向沟通与协调，使教师自主创新意识受到阻碍。同时，忽视了对教师行为标准的柔性因素影响，导致高校教师人力资源管理的低效。

2. 刚性管理是一种硬性管理

在高校广为应用，具有十分严明的规章制度，管理者在使用国家政策法规及高校内部规章制度过程中，始终做到使教师的行为有法可依、有章可循，这种严格的管理体制会强烈激发教师的自我调整能力和控制力。

3. 刚性管理缺乏灵活性

很多时候只是一味地追求工作上的量化管理，各高校普遍采用相对硬性的指标对高校教师实行量化管理。我们不能否定这种量化标准的可操作性，因为在实践过程中，确实可以在一定程度上提高工作效率，但一方面受外部环境变化性大、计算教师工作量存在模糊性等诸多不确定性因素的影响，高校管理者在决策过程中很难达到预先设定的标准；另一方面，这些量化标准有时会抑制教师的工作自主性和创造性，不利于高校学术交流，并且硬性规定和管理会背离教师工作规律，使教师产生挫折感。

上述刚性管理特点使我们意识到，管理中若单一实行刚性管理是不可取的，一定要灵活应用，如此才能更好地提升管理体制效率。

（二）柔性管理

人力资源柔性管理是组织为适应环境变化而采取的灵活运用人力资源柔性管理策略，调整教师的结构数量、工作时间、工资福利等因素以满足不同时期、不同水平、不同模式的人力资源需求，以较低的人事成本实现战略目标。柔性管理的特点如下。

1. 以教师为本

以教师为本是高校人力资源柔性管理最为突出的管理理念之一。在实施柔性管理过程中，高校管理中涉及的规章制度都会考虑柔性政策，充分尊重教师自主性，善于最大限度地激发教师自主创新能力，使教师产生强烈的满足感。同时，以教师意愿和利益为管理的出发点，充分理解和关心教师。

2. 重视情感的投入

高校教师不是普通群体，而是具有较高知识层次群体，对情感的重视也是高校教师的明显特点，柔性管理就是要更多更深入地发掘教师的情感，尊重爱护教师，能够做到全面多方位为教师着想，最终获得教师的认同感与亲切感，做到管理者与教师和谐相处，形成较大的情感凝聚力，为高校办学效益的提高共同努力。

3. 灵活性与适应性

柔性管理必须在高校教师人力资源管理刚性原则下，恰当结合柔性管理方法，用来增强刚性管理的灵活性。柔性管理中，对教师要采取灵活对策，不只限于形式，对教师的科研教学工作留有一定空间，如赋予教师充分的自主选择权、自身需求得到满足等。柔性管理的宗旨是，在不禁锢教师创造力的同时创造各种条件让教师潜能尽可能地被挖掘。

4. 重视激励作用

按照教师的不同特点实施相应的激励措施，达到激发高校教师创造精神，最大限度地调动高校教师工作积极性，充分发掘教师潜能的最终目标。

（三）高校教师人力资源刚性管理与柔性管理的结合方式

在高校师资队伍建设中，教师人力资源刚性管理和柔性管理是相辅相成，缺一不可的。高校管理者要遵循刚性管理和柔性管理相结合的原则，正确认识和运用刚性管理和柔性管理的辩证关系，让刚中有柔、柔中带刚的方式存在于高校管理系统中。刚性管理和柔性管理关系主要有以下几点。

1. 柔性管理是刚性管理的完善和补充

刚性管理一般是通过行政或经济手段来管理教职人员。例如，规章制度约束，处罚制裁等方式，这些手段曾产生过较好效果，但逐渐也暴露出许多负面效应，因为对高校教师的管理太过拘泥于形式，把人当作机器，管理僵硬不灵活，一成不变的管理模式已经无法适应飞速发展的社会形势。柔性管理则能够最大限度地激发教师潜在能力，使整个管理机制运行起来充满人情味和人性化，做到真正的人本管理思想。

2. 对于柔性管理来说，刚性管理是其基础和保障

无规矩不成方圆，在理论界和实践界，由于柔性管理人性化的特点，被大多数人广泛认同，但提倡柔性管理并不是要我们取代或否定刚性管理，高校若缺少健全的体制机制和严明的规章制度，就会缺乏一定的原则性和稳定性，使高校管理变成一盘散沙。

3. 柔性管理和刚性管理相互依赖、相互渗透

柔性管理与刚性管理在本质上是统一的，二者相辅相成。为实现办学目标，我们将柔性管理与刚性管理恰当地结合在一起，最终都是要提高高校教师人力资源管理水

平,提高教师教学质量,促进教育的发展。管理中若没有刚性,教育活动就会失去依据、准绳和章法;若没有柔性,聘用考评体系、退出机制、激励机制等都会缺乏灵活的运行过程,管理工作便会缺乏生机和活力。

因此,高校教师人力资源管理只有正确认识到刚性管理与柔性管理的辩证关系,并将二者有机结合起来,刚性不教条,柔性不松散,做到刚柔相济,以规章制度做保障,再加上相应的人性化管理做补充,才能将高校教师人力资源管理体制效率提升到一个全新的高度。

二、优化资源配置的组织结构

(一)教师结构多样化与师生比例合理化

教师结构多样化与师生比例合理化可以在很大程度上提升高校教师人力资源管理体制效率,所以师生比例合理化会在高校教师人力资源管理体制中起重要作用。高校在配备师资时,要依据全校的学生数量、科研任务量以及工资总额等方面因素。

1. 可以拓宽学术领域和知识体系

美国、日本、法国等发达国家,助教工作在很多时候由研究生承担,大大减少了教师编制。另外,这几个国家的高校通过大量聘请兼职教师来优化教师结构,使教师结构朝多样化发展,拓宽学术领域和知识体系,这在一定程度上提高了师生比例。我国高校的师生比长期以来都很低,这是我国整体劳动生产率低下的一个缩影。

2. 提高人力资源效率

近几年来,随着我国整个社会劳动生产率不断提升,高校教师的投入效益也在提高,但与大多数发达国家同类型、同层次的高等院校相比,我国高校师生比例明显偏低,还有继续提高的空间。我国应借鉴发达国家的经验方法,结合自身高校实际情况,制定出与之相匹配的可行性政策和措施,主要通过高校师资队伍结构多元化调整,逐步提高师生比例,从而提高人力资源管理体制效率。

(二)优化教师内部结构模板

结构名称:结构优化方法。

年龄结构:按5年一段,一般可分成7个年龄段,每个年龄段控制在14%左右为宜。

学历结构:更多地培养高学历的青年教师,作为高层次人才的后备人选。学校鼓励支持,团结协作好、业务能力强、有培养前途的青年教师以各种形式继续提升学历,立足于国内实际情况,以多种形式进行实践活动。

专业职务结构:对于工作中发生的新情况,要根据专业技术职务来评聘,其中专业技术职务的评聘指标应为结构比例控制,而非限额控制,同时要实行按需设岗。

学缘结构:合理设置人力资源的"学缘"结构,通过广开门路,多方式补充等渠道来拓宽高校教师的教学视野，不断优化"学缘"结构，包括教师引进的多校性以及经历的多样性，如对有过出国留学经验的人员引进工作。

专业、知识结构：要加强新兴学科、交叉学科及边缘学科等人才的补充，使队伍的学科结构与学校学科建设相适应。加强人才知识结构的调整和更新。

以上六个方面的结构调整，必须落实在高校人力资源宏观结构的优化之中，着眼于发挥整体高校人力资源的最大效能，合理的人力资源结构会使高校教师的能力得到放大、强化和延伸，从而促进高等教育发展。

三、基于知识管理的人力资源管理模式的构建

知识管理为高校教师人力资源管理提供了新方法。知识管理能够运用信息技术建立知识管理系统，不仅能为高校教师提供最新知识，也使查找起来更为方便。要想让教师拥有当代所需要的知识，各高校就应当为教师提供一个便于知识交流与传播的环境，这种环境只有在知识管理系统中才可以见到，是知识管理系统所特有的。随着科学技术的不断发展，知识也划分得更为具体了，各领域的知识之间也在一定程度上相互渗透，相互融合，从而知识更新也变得十分频繁。知识管理系统的建立不仅有利于提高学校内部知识创新、交流和转换，而且可以让高校教师大大缩短学习和使用知识所需时间。

总之，在这个知识经济时代，行之有效的知识管理能够在很大程度上促进高校教师的职业发展，此外，我们还可以在高校搭建基于知识管理，系统的学习平台，使高校教师直接在网上学习所需知识，在这个网络普及的时代，可以使所有教师不必再拘于时间和地点的限制，随时随地接受教育，不断提升教师的知识水平。

（一）建立促进价值创造的薪酬支付体系

薪酬制度是人力资源管理六大模块之一，高校教师在薪酬体系中可以挖掘出自身的需求和价值所在，一个健全的薪酬制度不仅有利于人力资源管理体制效率的提升，而且有利于满足高校教师对薪酬体系公平性与畅通性的要求，在一定程度上激发教师工作积极性。当然，薪酬制度必须和高校的战略目标相结合，使教师意识到自己的工作与学校的总体竞争水平直接相关，会直接影响高校的发展方向。

对于薪酬体系的设置应该兼顾公平性、市场竞争性及对教师的激励作用，将教师的知识创新和共享能力与薪酬支付体系联系起来，知识创新能力越强，薪酬水平应该越高。高校知识薪酬支付体系有利于高校教师进行知识的使用与创新，健全的薪酬支付体系是高校吸引、使用人才的关键，可以吸引更多优秀教师入伍。但实际上，大多数高校更加注重现金薪酬的支付，忽视了高校教师的其他需求，如职业培训与发展、情感认同等。

因此，对于高校教师的薪酬支付体系，不仅要采取货币性的薪酬支付形式，还要根据高校教师特点提供适合他们的非货币性的奖励。对于高校的管理者来说，高校教师所做出的所有决策，管理者一方面要评价这些决策本身的正确性，正确的决策要予以支持和鼓励；另一方面，还要评价决策产生的背后知识，充分发掘教师的知识创新能力，不断激发教师教学及科研的积极性。要在保证对知识管理活动成果的科学评价的前提下建立以知识为基础的薪酬支付体系。

（二）建立促进知识共享的制度体系

知识共享对于高校教师而言尤为重要，高校要建立一个能够促进知识共享的制度体系，要分别从制度、技术、文化三方面入手，为有效地实施基于知识管理的高校人力资源管理提供帮助。

1. 制度保障措施

人力资源管理和知识管理的开发运用都要与高校的发展战略相匹配，还需要一定的物质支持。要有适合知识创新、知识共享的组织结构，可通过建立学习型组织和扁平化的组织结构来实现。

2. 技术保障措施

技术保障是指有利于知识共享的硬件环境，将高校各部门和教师个人的知识产权和其他无形资产汇总成电子文件放在公用的网上，形成一个知识库，可供随时取阅，该知识库要有一套系统来支持和服务，以及一些基本的安全措施和网络权限控制功能。

3. 文化保障措施

要想留住人才，光靠合同是不够的，教师是知识型的员工，他们不仅关注自己获得的薪酬福利，也很重视更深层次需求的满足以及获得更多尊重。高校要使教师的个人价值观、愿景与高校的愿景相匹配，使两者产生共鸣。

（三）教师人力资源招聘策略

高校教师招聘是获得人才资源的重要途径，在对教师人力资源进行招聘时，要充分认识到教师知识资本集成情况的重要性。因此，高校要充分考虑其发展趋势和特点。

1. 人才甄选要依据知识资本特点

在招聘高校教师时，应既以自己的学科性质特点为基础，并对其他相关学科知识有一定的了解或掌握，形成自己的知识体系，同时又要研究自己的教学个性，形成独特的实践操作体系、教学思想以及完整的教学体系、风格和流派。

在高校教师甄选过程中，应该重点考虑应聘者的学缘结构，我国高校教师有一部分都是本校毕业学生，"留校"教师是"近亲繁殖"的做法，知识资本集成的特点要求同一所高校教师的知识应该是百花齐放、百家争鸣的，过多的"近亲繁殖"现象不利于优化学缘结构，不利于博采众家之长。

2. 招聘规划要将教师知识资本集成的发展方向作为重点考虑内容

高校在制定教师发展战略过程中，一定会选择适合高校发展、符合高校要求的员工，使员工与工作内容相匹配。

要制订一个合理的招聘规划，按照职位特点和空缺情况来制订人员需求计划。这里所谓的招聘规划就是在实现高效办学过程中，首先要设定战略战术目标，再根据现阶段自身教师人力资源情况和对发展趋势的预测情况，制定相应的人员引进、保持和流动策略等。

在具体操作过程中，由于高校组织的特殊性，选拔时必须充分考虑到高校对知识资本高需求和未来知识发展的集成情况，将所需要的知识和对应的人才，采取正确的招聘策略，做好人员、岗位、知识三者的匹配工作，优化教师队伍，使其凝聚力达到最大，实现集成效应，将冗余人员数量降到最低直至为零。

按照当前高校教师资源情况，深入分析和调研，将教师数量、质量、组合方式等方面的不足予以评价，从而做出相应的招聘标准，同时必须考虑求职者的需求。将上述问题确定后，再由负责人将申请交给高校人事部门，申报师资招聘计划，人事主管部门再按照高校内部的职位信息，来确定招聘标准和条件，从而对空缺岗位的填补事项做出最后决策。

（四）教师人力资源培训策略

培训作为高校教师人力资源增值的重要方法之一，近年来越来越被各大高校重视，因为教师人力资源在高校办学过程中所发挥的作用越来越大，直接影响到高校的教学水平和科研成果，因此，不断优化高校教师人力资源培训策略尤为重要。

1. 培训的实施加速知识资本增值

高校人力资源培训工作的灵魂是如何使培训的内容学以致用，如何使知识资本通过培训得到增值。要注重选择高校人力资源培训的途径。

2. 培训需求分析要考虑知识资本的增值

在开展人力资源培训工作之前，高校要调查统计本单位的人才数量、质量、结构、发挥作用状况等基本情况，对本单位的发展状况、发展规则、发展前景和人才需求及人才培养能力及其发挥程度做较详尽的调查统计，并加以综合分析，根据未来社会经济发展要求，制订符合实际的高等教育发展规划。

3. 培训的评估要考虑知识资本增值的效果

在培训实施完成之后，要对培训的效果进行评估，以检测和考评高校人力资源培训工作的方方面面。培训评估的指标包括教学计划制订、教学内容分析、教学策略分析、学生进步分析、学员之间交流分析，以及培训计划本身规定的接受人力资源必须掌握的理论知识、方法和技能。

四、建立科学的激励机制

依据有关激励理论,将我国高校教师人力资源管理体制中的激励机制的构建方法归纳如下。

(一)建立目标激励机制

所谓目标激励,就是依据特定的管理目标,对高校教师人力资源进行行为指导,将教师的个人需求与高校管理目标有机结合在一起,从而提高教师工作积极性和自主创新性,另外,目标激励机制的实施基础是有效的岗位目标,只有将这两种方法结合起来才可以达到目标激励机制价值的最大化。

1. 要把学校的发展目标与个体的发展目标有机结合

目标激励是把期望值和目标效果高度重视起来,目标可以引导和激励高校教师的行为,因此高校经常采取目标设置的方法来激发教师的工作动机,并引导其行为。

高校在设置目标时一定要结合自身的实际情况以及一定的办学条件,在制定相关的发展规划时要考虑到近期和中期的具体目标,否则会让人觉得目标过于空泛、漫无边际而缺乏追求的动力。

在高校人力资源管理中目标的设置至关重要,学校领导在制定目标时要考虑各方面因素,尽可能"适度"。

2. 实施目标激励机制的前提是岗位目标的实现

岗位设置要有利于形成合理、优化的队伍。要以学科建设、人力资源队伍建设为基础,以教学、科研、管理任务及师资队伍现状为依据,根据学校的发展目标,设立岗位。

科学设置不同岗位的目标,完善岗位聘任制。科学合理地设置不同岗位的目标会使目标具有较强的激励作用。

签订聘任合同,加强目标考核管理。聘约不是简单地与学校签订合同,而是要首先明确双方的岗位职责。

实行动态管理。高校的各个岗位尤其是关键岗位是有限的,岗位是相对固定的,但在这个岗位上任职的人员却是流动的,人员上岗所取得的岗位职务与相应待遇也仅在聘期内适用。

(二)建立文化激励机制

高校教师人力资源,具有更加丰富的精神需求,且大多数人都很热爱自己的职业,不会轻易更换自己的工作。

1. 加强人文关怀

高校领导者应该抓住高校教师这一心理,努力建设和谐校园,使高校教师具有较高的文化素养和道德水平。高校人力资源需要一个既严肃紧张又活泼的校园文化，高校的文化氛围也是一所高校的文化底蕴，管理层和学术团队要团结在一起，共同努力改善校园文化氛围，校园是最圣洁的地方，包括管理人员和一线教师在内的所有人员都是创造知识和文化的工程师，在当今社会继续保持这种团结，校园就会吸引和凝聚更多高层次优秀人才。而紧张就是要在一定的压力下，因为压力是我们日常工作的动力源泉，这样极有利于工作效率的提升。

2. 鼓励和支持行使民主权利

高校应鼓励和支持学生行使民主权利，这样不仅会使高校人力资源的潜能得到充分发挥，更会提高他们对自己工作的满意程度，使他们不断增强工作积极性，沟通易于产生共识，通过交流和沟通，自己的意见被采纳，便会激发高校教师的工作热情。

（三）完善培训激励机制

在高校教师人力资源管理中培训激励的价值是非常重要的，因为它能够满足高校教师的发展需要，为高校教师发展提供精神支持和原动力，激发他们通过追求先进科学知识、不断更新知识结构来提升自身的价值。

1. 建立完善的高校教师培训体系

实现高校教师人力资源知识的保值增值，不断更新教师知识，只有在深入分析高校教师人力资源自我成长及发展需要的基础上，培训激励机制才能发挥作用。具体完善方法有以下几点：满足高校教师人力资源不同层次的培训需要；基于高校人力资源的职业发展目标，建立全方位的培训体系；实现培训工作的制度化，使人力资源培训有法可依，有章可循；建立科学的培训评价体系，提高可操作性。

2. 依据教师的不同层次，满足各层次培训需要

高校教师一般主要分为教学型和研究型。

（1）教学型教师，要注重岗位的培训

第一，注重教师本身综合运用能力的培养，对于专业教师分别安排针对性的专业课程进行师资培训，也利用培训机会为各岗位、各层次的教师提供一个交流沟通的平台，融洽各岗位教师之间的人际关系。

第二，注重高校教师学历水平的提高，各高校可以根据自己的便利条件给高校教师提供学习进修的机会，如做访问学者或出国深造。

（2）研究型教师

第一，要注重接触科研人才和学术带头人的培养，增加对高校师资培养经费的投入，引进杰出人才和把校内有科研发展潜力的人才外送培训，满足高校对教师较高层面的需求。高校教师人力资源的培养从年龄上分为青年教师培养、中年教师培养等，可以根据教师年龄和接受领悟新知识的能力区别培养。

第二，构建以高校教师人力资源职业发展为目标的全面培训体系。应该在培训内容、培训时间以及培训方式等方面，给高校更多的自主权，按照不同岗位、不同层次的培训对象自主选择培训内容和培训方式，自行确定培训时间等，不断加快培训工作信息化建设的进程。

第三，加强培训工作制度化，使人力资源培训有法可依，有章可循。拥有严格的培训制度，才能不断提升高校教师的技能水平，使教师行为依据充分。

3. 建立科学的培训评价体系

在人力资源管理工作中，科学准确的评价体系至关重要，因为高校教师培训工作需要有效的考核系统进行监督。同时，高校教师参加培训的积极性一定要不断被激发，这样才能加强培训过程中的主动性，进而提升工作效率和培训质量。

由于存在一定影响因素，操作起来有一些困难，致使培训工作难以达到科学性和准确性。但长远来看，建立一套科学的培训评价体系对高校教师培训工作尤为重要。当前，我国主要采取银行贷款和国家拨款的方式来补充高校经费，培训经费有些紧张，在这种情况下，就要通过建立和完善培训激励约束机制，提高培训效益降低培训成本，最终使高校教师管理培训体系获得良好效果。

（四）健全绩效考核激励机制

绩效考核机制一直是现阶段高校晋升提拔的重要参照，对人力资源进行有效激励的重要手段之一便是高效的绩效考核工作。如果不能形成合理科学的绩效考核制度，就会造成高校人力资源切身利益和工作积极性受到损害。高校在进行考核激励过程中，通过以下三方面的努力，建立起"责权利"相结合的绩效考核激励机制，使我国高校教师人力资源管理体制效率不断提升。

1. 设立科学有效的、操作性强的量化考核标准

加强量化和细化高校教师人力资源的评估标准，在岗位、职称或层次等方面不相同的人员，实施分别考核的办法，并可实行依据不同岗位、不同职责进行不同分析的方法，对考核标准给以界定和说明，最终实现考评双方的工作目标与职责的一致性，真正落实和发挥绩效考核作用。

2. 考核过程的公正透明性

一些高校将教师的教学、科研成果、获奖情况等分别录入计算机，再经过审核将教学和研究成果等提交到个人网上的业绩系统里。同时，在网上实行业绩与分配制度挂钩的方法，进而在一定程度上简化考核手段，提升透明度。考核过程的透明度与考核激励机制的公正度是成正比的。

3. 采取考核结果与教师本人利益挂钩的方法

绩效考核的反馈和沟通要时刻予以重视，将考核结果与教师本人利益直接挂钩，

同时把这个考评结果视为高校教师人力资源聘任、晋升的可靠依据,从而将高校教师劳动成果的差异性充分体现出来。[23]

  绩效考核激励机制,对于完善高校人力资源管理体制至关重要,没有制度化和量化的考核标准,会影响教师工作积极性,从考核标准的设立,再到考核过程的公开,直至考核结果与教师个人利益关系的明确,整个流程都充分体现了一个高效透明的绩效考核机制处处蕴含着激励因素,"责权利"相结合能够更好弥补我国当前绩效考核机制中存在的不足,从而加快提升高效教师人力资源管理体制的效率。

---

23 曹红玉.高校教师人力资源管理体制效率提升问题研究[D].长春:吉林财经大学,2013.

参考文献

[1] 曹红玉. 高校教师人力资源管理体制效率提升问题研究[D]. 长春：吉林财经大学，2013.

[2] 曹建军，凌娟，皮莉. 浅议我国高校学生管理体制的改革与创新[J]. 企业导报，2016（02）：36+38.

[3] 陈皓. 知识经济时代下高等教育发展与革新探析[J]. 学园，2015（33）：5-6.

[4] 丛晓萍. 我国高校学分制改革研究[D]. 济南：山东师范大学，2017.

[5] 蒋小明. 高校选课制保障体系的构建[J]. 现代商贸工业，2017（14）：148-149.

[6] 李梦楠. 高等教育管理体制与教学研究[M]. 长春：吉林大学出版社，2020.

[7] 李青. 高校师资管理研究[M]. 天津：天津大学出版社，2019.

[8] 李莎莎，赵正，夏云川. 课堂教学组织应从管理走向治理[J]. 教学与管理，2019（30）：11-13.

[9] 梁园园. 新时期高校教学管理创新思考[J]. 科技经济市场，2016（08）：142-144.

[10] 林逢春，罗子婵，黄薇薇. 高等教育全球化：内涵、动因和影响[J]. 中国高校科技，2017（S1）：102-103.

[11] 刘明一. 高校学生管理专业化及其制度保障研究[J]. 教育信息化论坛，2018，2（10）：63-64.

[12] 罗莉蓉. 以就业为导向创新教育教学管理制度[J]. 就业与保障，2020（06）：41-42.

[13] 彭伊凡. 高等教育管理体制改革研究[M]. 长春：吉林大学出版社，2017.

[14] 田尧. 高校师资队伍建设与管理研究[D]. 乌鲁木齐：新疆大学，2017.

[15] 佟玉平. 以学生为中心制定课程教学大纲的路径研究[J]. 求学，2020（20）：13-14.

[16] 万小翔. 市场经济条件下高等教育管理体制改革的若干思考[J]. 西部素质教育，2017，3（20）：86-87.

[17] 冼志杋. 新公共管理视角下我国高校体制改革探究[J]. 湖北开放职业学院学报，2020，33（19）：26-27.

[18] 向爱国. 高等教育管理体制改革研究 [M]. 昆明：云南科技出版社，2017.

[19] 张春柳. 加强高校实践性教学管理的探讨 [J]. 无线互联科技，2014（12）：206.

[20] 张丰韬. 基于人本化取向的高校学生管理制度创新研究 [D]. 西安：长安大学，2015.

[21] 张兴华. 高校本科教学运行管理研究 [J]. 国际公关，2019（04）：143.

[22] 张雅婷. 新时期高校教育管理的发展方向探讨 [J]. 现代经济信息，2018（23）：359+361.

[23] 智泉，林妍梅. 应用型本科高校专业设置的基本逻辑与改革对策 [J]. 北京联合大学学报，2020，34（04）：1-6.

[24] 邹赐岚. 践行以生为本 构建现代大学学籍管理制度 [J]. 中国高等教育，2016（18）：51-52.

[25] 祖彬，陈琬莹. 新时期高校教育教学管理存在的问题及优化对策 [J]. 长江丛刊，2018（35）：239-240.